KB105857

아스카·나라
역사를 따라서
한국을
찾아 걷다

아스카·나라 역사를 따라서
한국을 찾아 걷다

발행일	2019년 7월 31일		
지은이	김홍수		
펴낸이	손형국		
펴낸곳	(주)북랩		
편집인	선일영	편집	오경진, 강대건, 최예은, 최승헌, 김경무
디자인	이현수, 김민하, 한수희, 김윤주, 허지혜	제작	박기성, 황동현, 구성우, 장홍석
마케팅	김회란, 박진관, 조하라, 장은별		
출판등록	2004. 12. 1(제2012-000051호)		
주소	서울시 금천구 가산디지털 1로 168, 우림라이온스밸리 B동 B113, 114호		
홈페이지	www.book.co.kr		
전화번호	(02)2026-5777	팩스	(02)2026-5747

ISBN 979-11-6299-801-4 03910 (종이책) 979-11-6299-802-1 05910 (전자책)

이 도서의 국립중앙도서관 출판예정도서목록(CIP)은 서지정보유통지원시스템 홈페이지(http://seoji.nl.go.kr)와 국가자료공동목록시스템(http://www.nl.go.kr/kolisnet)에서 이용하실 수 있습니다.
(CIP제어번호: CIP2019029222)

일본
아스카·나라에
남아 있는
한민족 문화유산 탐방기

아스카·나라 역사를 따라서 한국을 찾아 걷다

김홍수 지음

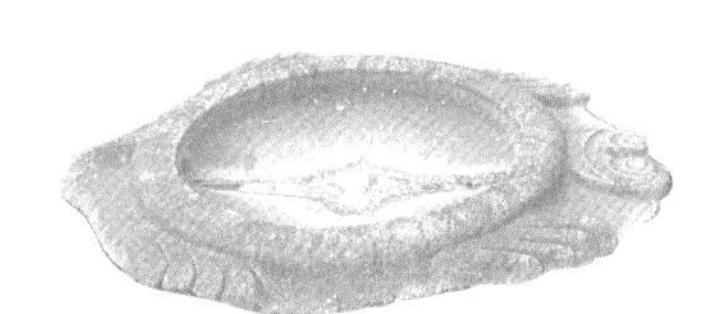

한반도에서 일본 열도로 건너간
수많은 한민족의 이야기가 살아 숨 쉬고 있는
아스카·나라 지역의 흔적을 찾아 발로 쓴 답사기

북랩 book Lab

머리말

일본 역사에 대해 많이 알지 못하던 시기인 1992년에 일본의 역사, 문화, 유물을 처음으로 직접 접하는 기회가 있었다. 오사카, 나라, 교토의 고대 한일 관련 유적지 여러 곳을 방문하였는데 그중에서 일본의 고대 수도인 나라의 호류지(法隆寺) 보물관에서 전시하고 있던 '구다라 관음(百濟觀音)'이라는 2m가 넘는 높이의 아름다운 목제 불상을 봤다. 백제라는 이름으로 너무나 아름답고 멋있는 유물이 완전한 수준으로 일본에 남아 있어 일본인들은 꾸준히 보아 왔고 우리도 늦었지만 이렇게 보고 있다는 것이 대단히 신기했고 놀라운 느낌을 받은 적이 있었다.

또한, 1995년 회사 일로 도쿄에 근무하고 있을 시기에 자주 방문한 도쿄 국립박물관의 부속 서점에서 광개토대왕비문의 다양한 탁본 인쇄본을 모아 판매하고 있는 것을 보았을 때 '왜 일본의 박물관에서 우리나라 역사상 가장 위대한 고구려 왕의 거대한 석비 탁본 여러 종류를 모아 팔고 있을까? 광개토대왕하고 일본하고 무슨 관계가 있는 것일까?'라고 이상하게 여겼던 기억이 난다.

그 후에도 도쿄 국립박물관의 '궁내청 소장 보물 특별전'에서 실물을 쉽게 보기 어려운 「성덕태자와 두 왕자상」을 관람하면서 이 그림을 백제 위덕왕의 아들 아좌 태자가 그렸다는 것과 그 초상화가 1,400여 년의 기간이 지났음에도 너무나도 선명한 색상과 모습으로 남아 있다는 것에 또 한 번의 큰 감동을 받았다.

저자가 일본 도쿄에서 거주했던 지역이 시부야에서 요코하마로 가는 전철 토요코(東横)선의 유텐지(祐天寺)역 근처였다. 그 인근의 유텐지(祐天寺)에서는 1945년 8월 해방이 되면서 일본에 가 있던 조선인 피징용자 8,000여 명을 태우고 부산으로 돌아오던 우키시마호가 원인을 알 수 없는 폭발로 침몰하면서 죽은 조선인 사망자들을 위한 추도회가 열렸다. 지금은 많이 좋아졌지만 당시 일본 내에서 극단적으로 대립하고 있었던 재일교포민단과 조총련이 함께 위령 제사를 지냈다는 것이 이상하게 느껴졌다.

그리고 지금도 일본 수상 및 관료들이 수시로 방문하여 한국과 중국의 국민들의 감정을 자극하던 야스쿠니 신사에 2차 세계대전 전범들이 제신으로 함께 있는 것은 알고는 있었는데 그곳에 조선 출신 가미가제 특공대원들도 합사되어 있다는 것을 알게 되고 야스쿠니 신사 옆의 유슈칸(遊就館)이라는 전쟁박물관에 그 특공대원들의 개인 신상을 상세하게 안내, 전시해 놓고 있는 것을 본 순간의 감정은 충격 그 자체였다.

지리상으로 가까운 한일 간에 고대부터 현대까지 수많은 일들이 벌어졌고 그 관련 유물과 흔적들이 그대로 일본에 남아 있는 것을 보았다. 그 내용들은 참 복잡했다. 지금까지 우리가 알고 있는 것들의 진실은 무엇이고, 또한 모르고 있는 것이 무엇이고, 잘못 알고 있는 것은 무엇인지에 대해 많이 고민하는 시간을 보냈다.

한일 간의 다양한 관계에 대하여 오래 전부터 경험하고 느낀 것을 기반으로 꾸준히 관심을 가져 왔었으나 회사 일에 열중하다 보니 보다 폭넓고 깊이 있는 연구 분석은 한계가 있었다. 회사를 퇴직하면서 그동안 관심을 갖고 있었던 한일 관계사와 일본 역사에 대하여 깊이 있게 본격적으로 연구할 수 있는 시간이 주어졌다. 그래서 일본의 여러 지역을 현장 답사하고 그곳의 관계자들과도 많은 이야기를 나누면서 하나씩 정리할 수 있었다. 그리고 아직 한일 관계사 및 일본 역사에 관한 수많은 내용이 알려진 것들과 다름을 발견하고 연구와 정리를 지속적으로 할 필요성을 느꼈다.

한국과 일본의 최초의 역사서인 1100년대 이후에 쓰인 『삼국유사』, 『삼국사기』와 700년대에 쓰인 『고사기』, 『일본서기』는 그때의 상황에 따라 기술되어 있으므로 현재의 상황과 생각으로 해석하기에는 분명 무리가 있을 것이라 본다. 그럼에도 불구하고 내용을 해석하는 시기와 분위기나 사람들의 유불리 또는 편의에 따라, 변조되고 왜곡되고 그때의 내용과 다르게 나타나는 것도 있을 것이라고 생각한다.

앞에서 저자가 경험한 몇 가지 내용만 보더라도 한일 간의 관계는 어느 시기에 걸친 어떤 내용들도 결코 간단하지 않다는 것을 알 수 있을 것이다. 우리의 역사는 알고 있는 내용들에 대하여도 관련 내용들을 보다 깊이 있게 많은 것을 파악하고 복합적으로 생각하면서 분석할 필요가 있다고 생각한다. 그리고 일본 역사에 대한 편견을 없애고 좀 더 객관적으로 가능한 범위 내에서 많은 지식을 습득할 필요가 있다고 생각한다. 더불어 한일 상호 관계사에 대해서도 보다 많은 부분을 파악하여 치밀하고 정확하게 분석하고 판단하고 역사적인 사실에 기반하여 양국 간에 도움이 되는 수준까지의 내용에 접근한다고 하면 더한 바람이 없을 것이다.

한일 간에 관련된 역사 연구와 탐사는 찾으면 찾을수록 꼬리에 꼬리를 물듯이 그 깊이가 더해 가는 것을 느낄 수 있다. 어릴 때부터 많이 들어온 『손자병법』, 「모공」 편의 아래와 같은 문장이 복잡하고 어렵지 않은 내용이면서 마음에 와닿는다.

> 知彼知己 百戰不殆　　　　지피지기 백전불태
> 상대를 알고 나를 알면 백 번 싸워도 위태로움이 없으며
> 不知彼而知己 一勝一負　　　　부지피이지기 일승일부
> 상대를 알지 못하고 나를 알면 한번 이기고 한번 지며
> 不知彼不知己 每戰必殆　　　　부지피부지기 매전필태
> 상대를 알지 못하고 나를 모르면 반드시 매번 위태롭다

들어가는 말

일본 역사를 좀 더 정확하게 알고 그 안에서 한국 관련 내용을 찾아 보는 저자의 첫 번째 저서인 『규슈 역사를 따라서 한국을 찾아 걷다』가 출간된 이후 많은 독자들의 관심과 격려를 받았다. 그 책은 일본 열도의 맨 서쪽이면서 한반도와 가장 가까운 곳에 위치한 규슈 지역의 역사에 관한 것으로서 일본 역사의 초기 부분에 해당되는 내용이었다. 유물, 유적이나 사람들의 이야기 속에서 우리와 아주 유사한 점이 있다는 것을 접하면서 많은 사람들이 한일 관계사를 다시 한번 되돌아볼 수 있는 계기가 되었다고 좋은 평가를 한 것은 저자에게는 아주 큰 보람이 되었다.

이제 일본 규슈의 역사를 넘어서서 한반도와 구체적으로 보다 더 많은 이야기가 남아 있는 지역인 긴키 지역을 간다. 긴키 지역으로 불려지는 오사카, 나라, 교토 등은 일본 고대의 수도가 있던 곳으로 역사적인 유물과 유적들이 그대로 남아 있고 그중에는 한반도와 관련된 이야기가 수없이 전해지고 있는 것을 경험하게 된다.

현재도 일본의 이 지역으로 들어가는 것은 주로 오사카를 통하듯이 고대에도 주로 오사카를 통해서 들어간 것을 알 수 있다. 오사카 지역에 정착하고 나서 나라 지역으로, 또 교토 지역으로 이동하여 정착한 것을 알 수 있다.

현재는 오사카와 나라의 행정구역이 구분되어 있으나 고대에는 전혀 구분 없이 같은 지역으로 역사가 이루어진 것을 알 수 있다. 이 지역에 대한 답사는 지역 구분 없이 이루어졌지만 내용의 방대함을 감안하여 이 책에서는 아스카·나라 지역의 답사 내용을 다룬다. 그중에서도 오사카와 경계에 있는 나라 일부 지역에 대하여는 답사의 편의성 등을 고려하여 오사카 지역에서 언급하려고 한다.

이 지역의 유적지를 걷다 보면 '역사적 풍토 보존지구'라는 입간판을 많이 볼 수 있다. 일본에는 '일본의 고도(古都)'를 역사적 풍토 보존지구, 풍치 지구 등으로 지정하여 '고도 보존법'에 의해서 관리하고 있다. 현재 일본에는 나라현(奈良県) 다카치군(高市郡) 아스카무라(明日香村), 교토시(京都市), 나라시, 가마쿠라시(鎌倉市), 덴리시(天理市), 가시하라시(橿原市), 사쿠라이시(桜井市), 나라현 이쿠마군(生駒郡) 이카루카죠(斑鳩町), 즈시시(逗子市), 오쯔시(大津市) 합계 8시1죠1무라(八市一町一村)가 고도로 지정되어 있다. 이곳의 대부분이 아스카·나라에 집중되어 있는 것을 볼 수 있다.

나라, 아스카, 가시하라, 야마노베노미치(山の辺の道), 이카루카 등의 지역은 한반도에서 도래한 수많은 유물, 유적과 역사적인 이야기들이 남아 있는 곳으로 사시사철 고대 역사를 느끼려는 수많은 사람들이 찾는 곳이기도 하다. 이 지역에서 일본 역사를 따라가면서 그 안에서 한국을 찾아보는 것은 일본 내의 다른 어떤 지역보다 큰 의미가 있다고 생각한다.

아스카의 마가미노하라(真神原: 나라현 다카시군 아스카촌의 아스카데라 주변 일대)를 조망하면서 다음과 같이 느낀 내용이 아스카데라(飛鳥寺)에 붙어 있는 것을 보면서 이 지역이 얼마나 한반도와 깊은 인연이 지금도 남아 있는지를 알 수 있었다.

> 시야를 멀리하고 이곳에 서서 보는 풍경은 고대 한반도의 신라의 고도 경주, 백제의 고도 부여의 땅과 흡사하다.
> 대륙풍으로 아스카 지방에서 제일이고 일본 문화의 고향인 고도 아스카의 이 풍경에는 고대 백제와 신라 사람들의 망향의 마음을 누를 길이 없다.

한반도와의 연관성이 많이 기록되어 있는 일본에서 가장 오래된 역사서인 『고사기』의 편찬자 오오노야스마로(太安萬侶)와 히에다노아레(稗田阿礼)와 관계 있는 지역을 방문하고 나라 국립박물관을 통해 현재까지 잘 보존되어 우리에게 알려 주고 있는 쇼소인(正倉院)의 보물들 중 한반도 관련 유물들을 살펴본다.

초대 진무(神武) 천황은 규슈를 떠나 동정을 하여 야마토의 가시하라로 들어와 일본 초대 천황으로 등극하고 그 이후 9대 가이카(開化) 천황까지의 궁전과 능은 가쯔라기산(葛城山) 기슭에서 우네비산(畝傍山) 주변에 모여 있는 것을 볼 수 있어 이들을 보통 가쯔라기(葛城) 왕조라 부른다. 『고사기』의 중권에 진무 천황에 대해서는 규슈에서 야마토로 동정, 천황 등극과 사망까지의 기사가 상세하게 기록되어 있으나 2대 스이제이(綏靖) 천황부터 9대 가이카 천황까지는 천황의 이름, 황후, 나이, 능묘 등의 간단한 내용만 기록되어 있다. 그 관련 유적인 가시하라 신궁과 그 주변 지역에서 이 왕조의 역사를 살피면서 관련되는 한반도 관련 유물, 유적을 찾아본다.

10대 스진(崇神) 천황부터 시작하는 야마토 왕조의 초기 천황의 궁전과 능은 주로 일본에서 가장 오래된 길이라고 하는 야마노베노미치(山の辺の道)를 따라 미와산(三輪山)을 중심으로 이루어진 것을 볼 수 있다. 이 지역도 방문하여 한반도 관련 이야기를 찾아본다.

일본 역사에서 천황의 이름에 신(神) 자가 들어가 있는 천황이 3명 있다. 초대 진무(神武) 천황, 10대 스진(崇神) 천황, 15대 오진(應神) 천황이다. 진무 천황과 스진 천황의 역사는 나라 지역에 남아 있고 오진 천황의 역사는 오사카 지역에 남아 있다. 신(神) 자가 붙은 이들은 일본 이외의 땅에서 온 것을 의미한다고 생각할 수 있다. 그래서 이 세 명의 천황과 관련된 기록에서 한반도 관련된 일본 역사를 더 많이 확인하는 것이 필요하다.

스진 천황은 기마민족 정복설의 중심이 되는 천황이다. 그는 10대 천황임에도 『일본서기』에 하쯔쿠니시라스스메라미고토(御肇國天皇: 나라를 세운 천황)으로 언급되어 있다. 일본에서는 370년 이전과 이후의 고분 부장품이 아주 다르게 출토되는 것을 알 수 있다. 주로 말 관련 부장품이 이후에 나오기 시작한다. 이 내용이 기마민족 정복설의 근거로 주로 언급되고 있는 것이다.

『일본서기』의 기록을 보면 오진 천황의 시기에 한반도에서 많은 백제인들이 일본으로 들어온 것을 알 수 있다. 그리고 『속일본기』에 오진 천황 16년 285년에 백제 아화왕의 사망 기록이 있으나 『삼국사기』에는 405년에 아신왕이 죽은 기록으로 볼 때 아화왕과 아신왕은 같은 왕으로 알려지고 있어 일본 역사 기록은 120년을 올려서 보아야 한다는 것이 타당한 것으로 알려지고 있다. 고분 등의 내용을 살펴볼 때 오진의 시대는 4세기 말로 볼 수 있다.

592년에 도유라노미야(豊浦宮)에서 스이코(推古) 천황이 즉위한 때부터 710년에 헤이죠교(平城京)로 천도하기까지 아스카 시대 정치 중심지이면서 수많은 유물, 유적들과 함께 한반도 관련 이야기를 남긴 아스카 지역과 지토(持統) 천황이 694년에 일본 최초의 중국식 도성으로 조영하여 천도한 후지와라교(藤原京) 유적을 찾는다.

그리고 후지와라교에서 3대 16년이 지난 후 천도한 현재의 나라시 긴데쯔(近鉄) 사이다이지(西大寺)역 근처의 헤이죠교(平城京) 주변의 유적지를 찾아간다. 헤이죠교를 중심으로 한 나라 시대(710~784년)에는 수많은 사원이 건립된다. 특히 쇼무(聖武) 천황 시대를 중심으로 국가가 주체가 되어 조영한 관사(官寺)와 귀족들이 주체가 된 사사(私寺) 등이 현재는 역사성과 유물들의 우수성 등으로 유네스코 세계 유산으로도 등록되어 있고 유물, 유적들과 역사적인 이야기가 남아 있어 그 속에서도 흥미로운 한반도 관련 내용을 찾을 수 있다.

그리고 호류지(法隆寺)가 있는 이카루카 지역은 6세기 후반에 와(和)의 정신을 강조하여 일본이라는 나라가 나아가는 길에 빛을 비춘, 현재도 일본인들이 가장 존경하는 인물인 쇼토쿠(聖徳) 태자의 흔적이 많이 남아 있는 곳으로 후지노키(藤の木) 고분과 호류지 등의 사원을 방문한다. 후지노키 고분은 한반도와 무슨 관계가 있는지도 추적해보고 해질녘에 돌아가는 고향과 같이 편안한 분위기의 호류지에 있는 세계에서 가장 오래된 목조 건축물과 한반도와 관련된 많은 유물과 이야기를 찾아본다.

또한 아스카·나라는 일본에서 가장 오래된 신사와 일본 신화에도 등장하는 신들을 제사 지내는 신사가 다수 있는 곳이다. 그래서 아주 오래된 대자연 속에서 신비한 분위기를 느끼기도 하면서 이 지역을 더 깊이 있게 알 수 있는 좋은 답사가 되었다.

일본 내의 다른 어떤 지역보다도 한일 고대 역사의 흔적이 그대로 남아 있고 또 그 시기에 한반도 관련 유물, 유적과 역사적인 이야기가 수없이 살아 숨 쉬고 있는 아스카·나라 지역을 일본 역사와 함께 걸으면서 찾은 많은 내용들이 현재의 한·일 관계 발전에 미력이나마 도움이 되었으면 하는 바람이다.

2019년 7월

김홍수

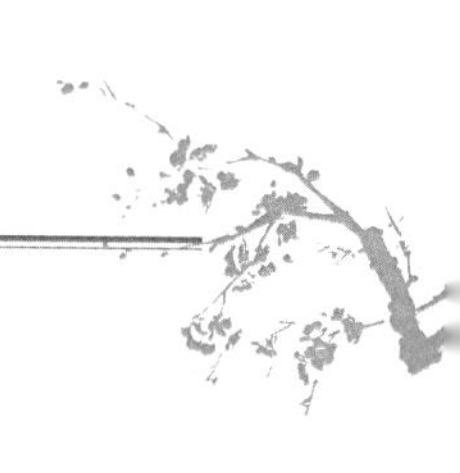

차례

3장
아스카무라(明日香村)의 유적과 도래인 이야기

4장
고대 한반도를 느낄 수 있는 아스카(飛鳥) 남서의 유적

5장
호류지(法隆寺)가 있는 이카루카(斑鳩) 지역

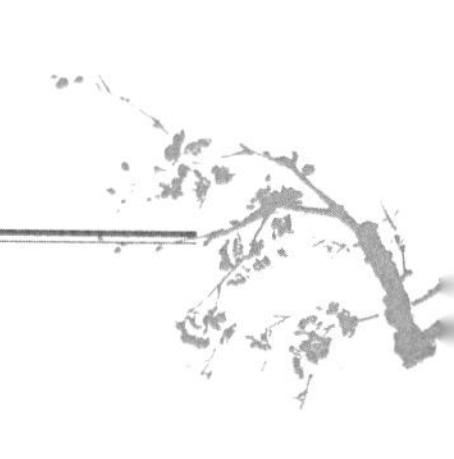

6장

일본 최고의 고도(古道) 야마노베노미치(山の辺の道)

7장

헤이죠쿄(平城京) 유적과 니시노쿄(西ノ京) 유적

8장

나라(奈良)시 중심 지역 유적

1장

일본 최초의 역사서 『고사기』 연고의 땅과 나라奈良의 보물 창고 쇼소인正倉院

1.
『고사기』의 편찬자 오오노야스마로太安萬侶의 묘와 고닌光仁 천황릉

아스카·나라 역사를 따라서 제일 먼저 찾아가는 곳으로 712년에 편찬된 일본 최초의 역사서 『고사기(古事記)』의 편찬자 오오노야스마로(太安萬侶)의 묘소를 소개하는 것은 나름 의미가 있다고 생각한다. 본 서에서 다루는 대부분의 내용이 『고사기』, 『일본서기』에 기록되어 있는 내용들이라는 점과 『고사기』의 편찬자가 실존 인물이었고 그 묘소의 실체가 있다고 하는 것에 대한 호기심도 컸던 데에서 기인한 것이다.

아스카·나라 지역을 여러 번 방문했음에도 이곳은 마음에만 있었지 좀처럼 찾아가기가 쉽지는 않았다. 대중교통이 불편하고 다소 외지고 한적한 시골 산등성이에 있다는 한계 때문이었던 것 같다. 그럼에도 이곳을 돌아보지 않고 이 책을 쓰는 것은 무언가를 빠트린 것 같은 생각이 들었다. 사전 계획도 잘 세우고 여유롭게 시간을 내어 둘러보고 온 내용을 제일 먼저 소개한다.

나라 동쪽 고원 차 밭에 있는 오오노야스마로(太安萬侶)의 묘

JR 나라(奈良)역이나 긴데쯔(近鉄) 나라(奈良)역에서 약 2시간에 1대씩 하루에 총 6대 정도가 다니는 야마조에무라(山添村) 기타노(北野)행 버스를 타고 나라 분지의 동쪽으로 약 30분 정도 가면 산으로 둘러싸인 고원에 논밭이 넓게 펴져 있는 다바라후루사토(田原ふる里)라는 마을이 나온다. 이곳에 『고사기』의 편찬자 오오노야스마로의 묘와 백제와 깊은 관계가 있는 것으로 알려진 고닌(光仁) 천황의 능이 있다.

오오노야스마로의 묘는 다와라요코다(田原横田)라는 버스 정류소에서 내려 한적한 마을을 지나 조그마한 산길을 따라 20분 정도 걸으면 건너편 산 중턱의 차 밭에 사적으로 잘 정비되어 있는 것을 볼 수 있다.

1979년 차 밭을 개간하던 중에 우연히 발견되어 묘실 안의 유골 및 진주와 함께 동판으로 만든 묘지(墓誌)가 발견되었다. 그 묘지에 오오노야스마로의 이름이 각인되어 있는데 그가 지금의 JR 나라역의 서쪽에 살았다는 것과 723년에 사망하였음이 기록돼 있어서 실재의 인물이었다는 것이 증명되었기에 일본 내에서 큰 충격을 준 발견이었다.

묘소 주변은 여전히 많은 차 밭으로 둘러싸여 있지만 잘 정비되어 보존되고 있었다. 오오노야스마로의 묘 앞에 세워 놓은 안내판의 내용을 살펴본다.

> 오오노야스마로(太安萬侶)의 묘는 히가시야마(東山) 산중의 다바라노사토(田原の里)에 소재하는 나라 시대의 화장 묘이다.
> 1979년 1월 다케니시 히데오(竹西英夫) 씨에 의해서 차를 개간하던 중 발견되었던 것으로 출토되었던 동판 묘지(墓誌)에 의해 고사기의 편자로 유명한 오오노야스마로의 묘라는 것이 알려지게 되었다. 묘지에는 「左京四條四坊從四位下勳五等太朝臣安萬侶以癸亥年七月六日卒之養老七年十二月十五日乙巳」의 41문자가 각인되어 거주지, 위계, 서훈, 사망 연월일, 매장 연월일을 기록하고 있다.
> 분구는 직경 4.5㎙의 원분으로 추정되며 매장 시설은 중심부에 무덤 내부를 파고 밑에 목탄을 깔고 그 위에 묘지를 놓고 바로 그 위에 목함을 안치한 모습이다. 사방과 위에는 목탄으로 메워져 있었다. 그리고 목함의 중앙에 화장한 뼈, 진주 등이 수습되었다.
> 나라 시대 상급 관인의 묘로서는 이러한 규모, 구조, 유구의 출토 상황 등이 명확한 사례는 극히 드문 것으로 그 후에 사적으로 지정되었다.

오오노야스마로의 조상인 오오(多) 씨에 대한 기록으로는 『일본서기』 사이메이(齊明) 천황 7년 661년 9월 백제 멸망으로 일본에 와 있던 백제 왕자 풍장(豊璋)이 귀국할 때 5,000명이 호위하였다는 기록이 있으며 그때 오오노야스마로의 조부인 오오노노오미마사시키(多臣将數)의 여동생의 이름이 백제 왕자 풍장의 부인으로 등장한다. 그리고 오오노노오미마사시키나 여동생도 그 후에 어떻게 되었는지는 알려진 바는 없으나 오오노노오미마사시키의 아들로 알려진 오오노혼지(多品治)가 임신의 난에서 오오아마노(大海人) 황자[이후에 덴무(天武) 천황이 됨] 측의 무장으로 활약했다는 것과 그의 아들 오오노야스마로가 『고사기』를 편찬했다는 기록 등이 있다.

또한 최인호의 『잃어버린 왕국』에는 오오노야스마로는 오오노혼지의 동생인 다신부와 백제 계백장군의 조카인 온사녀의 자녀로 태어났으나 백제 멸망 시기인 황산벌 전투에서 아버지가 사망하게 되고 어머니 온사녀와 함께 일본으로 배를 타고 피난 가다 어머니도 사망하면서 당시 일본에 있던 큰아버지 오오노혼지에게서 크게 되고 이후에 일본의 가장 오래된 역사서인 『고사기』를 편찬하게 된다는 내용도 볼 수 있다.

약 1,400여 년 전의 오오노야스마로의 생애에 대하여는 정확히 알 수 없으나 현재 남아 있는 『고사기』의 내용에 수많은 한반도의 기록이 남아 있는 것 등을 볼 때 이 책의 편찬자에 대하여 한반도와 깊은 관련성이 있지 않을까 생각해 볼 수 있을 것이다.

이 지역은 차 산지로도 유명하고 오오노야스마로의 묘소가 발견되면서 더 유명해진 것도 있지만 고대에 수도가 나라에 있을 때는 황족, 귀족들의 매장의 땅이었던 것으로 알려진 곳이기도 하다. 오오노야스마로의 묘소에서 동쪽으로 조금 걸어가면 49대 고닌(光仁) 천황릉이 나온다.

2002년 한·일 월드컵 공동 개최를 몇 달 앞둔 2001년 12월 23일

아키히토(明仁) 천황은 68세 생일을 맞아 왕실에서 기자회견을 갖는 자리에서 다음과 같은 발언을 한다.

> "나 자신으로서는 간무(桓武) 천황(50대, 737~806년)의 생모가 백제 무령왕의 자손이라고 『속일본기(續日本紀)』에 기록돼 있어 한국과의 인연을 느끼고 있습니다."

간무 천황은 794년에 수도를 현재의 교토로 옮겨 1,100여 년의 헤이안(平安) 시대를 열었던 인물로 일본에서는 큰 의미가 부여되는 천황이고 그의 아버지가 고닌 천황이다. 고닌 천황의 부인이 백제 무령왕의 자손인 다카노노니이가사(高野新笠)이다. 그리고 그는 백제 멸망 시기에 백제를 지원한 덴지(天智) 천황의 손자이기도 하다. 간무 천황 시기에 수도를 헤이죠교(平城京: 현재의 나라)에서 헤이안교(平安京: 현재의 교토)로 천도하면서 교토에서 사망한 다카노노니이가사의 능은 남편인 고닌 천황릉이 있는 이곳 나라와는 멀리 떨어진 교토 서북부 지역의 오오에릉(大枝陵)으로 불리는 곳에 있다.

다카노노니이가사와 간무 천황 관련 유적과 이야기는 그들의 활약지인 교토 방문 시에 좀 더 알아보려고 한다.

고대에 한반도와 관련된 수많은 기록을 남긴 인물과 백제와 깊은 연관성을 찾을 수 있는 인물의 무덤이 가까운 지역에 있는 것이 우연인지 아니면 우리가 모르는 특별함이 있는 것인지를 생각하면서 방문한 나라 동쪽 고원 답사는 이제 시작하는 아스카·나라 역사를 따라 한국을 찾는 여행에 조그마한 나침반이 되었다.

2. 오오多 씨 가문의 본거지 역사가 있는 오오多 신사, 진라쿠지秦樂寺, 구다라지百濟寺

오오(多) 씨족은 야스마로(安万侶) 대에서 오오(太) 씨에서 오오(多) 씨로 바뀌었다고 한다. 오오 씨족의 본거지인 오오(多) 신사를 찾아가서 오오 씨족의 유래와 고대 일본에서의 활동을 알아본다. 그리고 이곳에서 서쪽으로 넓은 들판의 한적한 시골길을 걸어가면 과거에는 구다라가와(百濟川)라 불렸던 소가가와(曾我川)가 나온다. 이 강을 건너서 고료쵸(広陵町)의 구다라지(百濟寺)가 있는 지역에 도달한다. 이 주변에는 '백제'라는 이름이 붙은 지명이 많이 보인다.

오오 신사와 구다라지 지역은 걸어서 서로 접근하기에는 다소 원거리이나 대중교통의 이용이 원활하지 않은 곳이라 같은 지역으로 생각해서 방문하는 것도 좋겠다는 생각으로 찾아가게 된 것이다. 오오 씨족의 본거지와 구다라지가 있는 곳에서 한반도와의 연관성은 무엇이 있는지 찾아본다.

오오 신사는 긴데쯔(近鉄) 가시하라(橿原)선의 가사누이(笠縫)역에서 내려 나라 분지 방향으로 15분 정도 걸으면 나온다. 이곳은 나라 분지의 중심에 있고 동쪽으로는 미와산(三輪山), 서쪽으로는 이조산(二上

山)을 조망하는 다와라혼마치(田原本町) 지역에 있다. 오오 씨의 본거지로서 일본에서 가장 오래된 역사책 『고사기』의 저자인 오오노야스마로(太安萬侶)의 집 유적과 묘의 전승지가 있는 곳이기도 하다.

통칭 오오(多) 신사라고 하지만 원래 이름은 오오니마스미시리쯔히코(多坐弥志理都比古) 신사이다. 이 신사에서는 겐메이(元明) 천황의 명에 의해서 『고사기』를 편찬해 헌상한 오오노야스마로와 초대 진무(神武) 천황, 진무 천황의 아들 가무야이미미노미고토(神八井耳命), 가무누나가와미미노미고토(神沼河耳命)와 진무 천황의 어머니인 히메고가미[姬御神=다마요리히메(玉依姬)]를 제사 지내고 있다.

『고사기』 중권에 보면 진무 천황이 사망한 이후 이모형(異母兄)이 동생들 암살을 기도한다. 그것을 알아차린 제 2황자 가무야이미미노미고토와 제 3황자 가무누나가와미미노미고토는 먼저 이모형을 토벌했다. 그러나 형은 수족이 떨려 이모형을 살해할 수 없었고 동생이 토벌한다. 그래서 동생은 황위를 받아 스이제이(綏靖) 천황이 된다.

사전(社伝)에 의하면 이 사건 이후에 가무야이미미노미고토 황자가 이 땅에 들어오면서 하늘의 신과 땅의 신에게 제사를 지냈다는 내용이 있다. 그리고 헤이안(平安) 시대의 『엔기시키 진묘초』(延喜式神名帳: 927년에 국가에서 관리하던 신사의 목록이 있는 책)에도 이름이 나오는 야마토(大和)에서 규모가 큰 대사(大社)였다. 가무야이미미노미고토를 시조로 하는 오오 씨에 의해 제사를 지내고 있는 곳이다.

그리고 다니가와 겐이치(谷川健一)의 『청동신의 족적(青銅の神の足跡)』에 오오 씨는 도래인이라는 기록이 있다. 아스카 지역의 도래인으로 유명한 아치노오미(阿知使主)가 7성씨와 함께 도래하였는데 그중에 오오 씨가 있다. 그리고 그들의 일본 내의 활약과 유적으로 보아 그들

은 한반도의 가야 또는 백제에서 넘어온 것으로 추정하고 있다.

고모리(小杜) 신사에 있는 『고사기』 편찬 1,300년 기념비

이 신사의 길 건너편에 고모리(小杜) 신사라고 하는 조그마한 신사가 따로 있다. 이곳은 오오노야스마로(太安萬侶)의 흔적이 남아 있고 그를 제사 지내고 있는 곳이다. 이곳에서는 1936년경부터 『고사기』와 오오노야스마로를 기념하기 시작하였다고 한다. 그리고 1949년에는 『고사기』 헌상제가 열리고 그해 가을에는 『고사기』 헌상 헌창비를 건립하여 기념하고 있었다고 한다. 현재는 『고사기』 편찬 1,300년을 기념하여 만든 비가 잘 정돈되어 있는 것을 볼 수 있다.

또한 오오 씨는 궁중 아악에도 일을 맡고 있어 일족에는 음악에 관계한 사람이 많았던 것으로 알려지고 있다. 그래서 이곳을 '일본 음악 발상의 땅'이라고도 부르고 있다.

구다라지(百濟寺)로 가기 전에 다와라혼마치(田原本町) 지역에 도래인 하타(秦) 씨와 관련 있는 절이 있어 먼저 찾아본다. 앞에서 내린 긴데즈 가시하라선의 가사누이(笠縫)역에서 남쪽 방향으로 약 5분 정도 걸으면 진라쿠지(秦樂寺)라는 절이 나온다.

사실 도래인 하타 씨와 깊은 관련이 있는 지역은 이곳보다도 단풍 등 자연 경관과 많은 유적지가 모여 있어 사시사철 관광객이 붐비는 교토 서북쪽의 아라시야마(嵐山) 지역이다. 하타(秦) 씨족이 대거 일본에 도래한 것은 『일본서기』에 의하면 오진(応神) 천황 16년으로 백제의 궁월군(弓月君)이 120현의 사람들을 인솔하여 일본에 왔다는 기록이 있다. 그리고 그 자손인 하타노가와가츠(秦河勝) 시기에 한반도의 선진 문화가 그 지역 주변에 전파되면서 지역 개발이 이루어진 것을 알 수 있다.

도래계 하타(秦) 씨의 씨사인 진라쿠지(秦樂寺)

그리고 아라시야마 인근에 있는 마쯔오(松尾) 대사와 고류지(廣隆寺) 등에 관련된 많은 유래와 유물이 남아 있는 것을 알 수 있다. 특히 고류지에 남아 있는 일본 국보 1호로 알려진 미륵보살 반가사유상은 서울의 국립중앙박물관에 있는 미륵보살 반가사유상과 모습이 거의 일치하여 한반도와 깊은 관계가 있는 것을 알 수 있는 것이다.

다와라혼마치 지역의 진라쿠지의 창건은 647년 쇼토쿠(聖德) 태자 시대에 하타노가와가츠가 백제로부터 온 천수관세음보살입상을 모시기 위해 세운 절이라고 전해지고 있다. 이 절의 이름에서도 하타(秦) 씨가 크게 번성 한 것을 볼 수 있다.

헤이안(平安) 시대에는 고승 고보(弘法) 대사가 머물면서 『산고시이키(三敎指帰)』(인생의 목적이라는 관점으로 유교, 도교, 불교의 가르침을 비교한 책)를 저술했다고 전해지는 곳이다. 천수관세음보살입상을 본존으로 하고 양옆에 쇼토쿠 태자, 하타노가와가츠를 모시고 있다.

이 부근 일대를 오오지하타노쇼(大字秦庄)라고 부르는 것으로 봐서 하타(秦) 씨의 거주지였던 것을 알 수 있다. 진라쿠지(秦樂寺)의 라쿠(樂)는 신악(神樂, 猿樂)에서 오는 의미로 진라쿠지 안에는 '하타 씨의 음악 하는 사람'의 의미가 있다. 그리고 일본의 전통 예능인 노(能)의 이론서인 『후우시가덴(風姿花伝)』에 진라쿠지 문 앞에 하타노가와가츠의 후예로 알려진 김춘(金春)의 집이 있었다고 기록하고 있다. 나라 시대의 유명한 신악의 하나로 후에 김춘류(金春流)라고 불린 음악의 선조가 하타노가와가츠이고 그 후손들이 발전시켰다고 절 내의 안내판에 설명하고 있었다.

도래계로 유명한 하타노가와가츠와 하타(秦) 씨에 대해서는 주 근거지였던 교토 북서부를 방문할 때 더 구체적인 내용을 살펴보려고 한다.

고료죠(広陵町) 구다라지(百濟寺)의 삼중탑

이곳에서 서쪽으로는 넓은 벌판이 펼쳐져 있다. 한적한 일본의 시골 마을들을 둘러보면서 여유롭게 걷다 보면 소가가와가 나온다. 이 강을 건너 고료죠의 구다라지에 도달한다. 이 주변에는 백제가 붙은 지명이 많이 보인다. 이 지역의 마을버스 노선표를 보니 백제신자(百濟新子), 백제사공원(百濟寺公園), 백제연구(百濟渕口), 백제숲(百濟森), 백제신주(百濟神主), 백제이조(百濟二条) 등의 이름을 볼 수 있었다. 아주 깨끗하고 잘 정돈된 마을이었다. 조금 아쉬운 것은 이곳을 특별한 목적으로 삼고 시간을 내서 여유를 갖고 찾지 않으면 대중교통을 이용하여 일반인들이 쉽게 찾기에는 불편한 곳이었다는 점이다. 그렇지만 우리의 고대 국가 백제라는 이름이 지금도 살아 있는 모습을 실감하기에 좋은 곳이었다.

구다라지는 『일본서기』 죠메이(舒明) 천황 11년 639년 7월 조에 "금년에 백제천 주변에 백제 대궁과 백제 대사를 지어라."라는 명을 했다는 기록이 있고 12월 조에 "이 달에 백제 천 주변에 구중탑을 지었다." 라고 기록되어 있다.

그리고 쇼토쿠(聖德) 태자가 헤구리군 구마고리(平群郡熊凝)에 세워져 있던 구마고리(熊凝) 정사(精舍)를 이 땅에 이축해서 백제대사(百濟大寺)라는 이름으로 전해지고 있다고 한다. 그 후에 화재에 의해서 고교쿠(皇極) 천황 때에 재건했고 덴무(天武) 천황 때에 가람을 다카이치(高市)군에 이축해서 다이간다이지(大官大寺)로 칭했다고 전해진다. 그리고 헤이죠교(平城京)로 이전하여 현재 JR 나라역에서 버스로 10분 정도 가는 거리에 있는 다이안지(大安寺)로 남아 있다. 이곳에 현재 남아 있는 3중탑은 가마쿠라 시대 중기의 건축으로 생각되는 것이다.

이 절의 주변에는 구다라지(百濟寺) 공원이라는 조그마한 공원이 조성되어 있고 가스카와카미야(春日若宮) 신사, 구다라(百濟) 공민관 등이 보였다.

그러나 이 지역의 백제라는 지명이 고대부터 존재해 왔다는 증거가 아직 나오지 않고 있다고 한다. 이 부근에서 고대의 기와가 출토된 적이 없고 아스카 시대의 다른 궁들이 대부분 아스카 부근에 있었던 것으로 알려져 백제대궁만이 멀리 떨어진 나라 분지 중앙부에 위치했다고 하는 것은 부자연스럽다고 하는 것으로부터 의문시되어 왔다. 1997년 이후 사쿠라이시(桜井市)의 기비(吉備) 호수 폐사의 발굴로 가람의 규모, 출토 유물의 연대 등으로 그곳을 백제대사의 추정지로 보는 연구가 되고 있다.

이 지역을 포함해서 주변의 새로운 유적 발굴지를 통해서 『일본서기』에 나오는 구다라지(百濟寺) 관련 내용을 구체적이고 깊이 있는 관심을 갖고 알아 가는 것도 뜻깊은 일이라 생각한다.

3. 『고사기』의 편찬자 히에다노아레稗田阿礼를 제사 지내는 메타賣太 신사

일본 역사를 따라서 한국을 찾아 답사를 하게 된 계기에는 712년에 편찬된 일본 최고의 역사서인 『고사기』가 현재 남아 있는 것도 큰 역할을 한다고 볼 수 있다. 이 책의 편찬자는 앞에서도 보았듯이 오오노야스마로(太安萬侶)라는 것을 알 수 있지만 히에다노아레(稗田阿祀)라는 인물이 없었다면 이 책은 이루어질 수 없었을 것이다.

『고사기』의 편찬에 절대적인 기여를 한 히에다노아레(稗田阿祀)를 제사 지내는 메타(賣太) 신사를 찾아간다. JR 오사카선의 고리야마(郡山)역에서 내려 30분 이상 걷는 거리에 있어 역 앞에서 자전거를 빌려 타고 메타 신사로 향했다.

이 신사는 히에다(稗田) 환호 집락으로도 유명한 지역에 위치하고 있었다. 물로 채워진 환호 안으로 많은 집들이 모여 있는 일본 내에서도 흔하지 않은 유적이 있는 마을에 있었다.

『고사기』의 편찬자 히에다노아레(稗田阿礼)의 메타(賣太) 신사

고대 야마토의 평야는 남북으로 종주하는 가미츠미치(上ツ道), 나가츠미치(中ツ道), 시모츠미치(下ツ道)라고 하는 간선 도로가 정비되어 있었고 히에다 지역은 시모츠미치 연변에 위치하고 있었다.

나라 시대에는 헤이죠교(平城京)의 스자쿠몬(朱雀門)과 다이고쿠텐(大極殿)으로 통하는 수륙양용의 간선도로가 있었다고 한다. 히에다 지역은 헤이죠교로 들어가는 라죠몬(羅城門) 유적의 바로 앞의 마을이었다는 것을 알 수 있다.

이곳의 히에다 유적에서는 대량의 유물이 출토되었는데 그중에는 사람 얼굴을 그린 토기, 말 모양 토기, 목제 인형과 한반도에서 많이 출토된 부뚜막 모양 토기 등이 있어서 한반도와의 관계를 생각해 볼 수 있는 곳이기도 하다.

이곳에 있는 메타 신사는 예로부터 시모츠미치 연도에 있으면서 헤이안(平安) 시대 전기의 『엔기시키 진묘초(延喜式神名帳)』에는 '야마토(大和)국 소에카미(添上)군 메타(賣太) 신사'라고 기재되어 있어 규모가 큰

시키나이샤(式內社: 조정에서 관리하는 신사)였다.

메타 신사의 설립은 명확하지 않으나 지금으로부터 1,400여 년 전 스이코(推古) 천황 대에 히에다쵸(稗田町)에서 효고(兵庫)현 이보(揖保)군 다이시(太子)정에 이주하였던 사람들에 의해 히에다(稗田) 씨족의 조상신을 제사하는 메타(賣太) 신사가 분사되어 있다. 제신은 '지혜의 신, 이야기의 신' 히에다노아레(稗田阿礼), '예능의 시조, 진혼의 조상신' 아메노우즈메노미고토(天宇受賣命), '길을 인도하는 신' 사루다히코노가미(猿田彦神)이다.

히에다 지역은 옛날부터 아메노우즈메노미고토를 시조로 하는 사루메노기미히에다(猿女君稗田) 씨의 거주지였다.

나라 시대의 덴무(天武) 천황 때에 히에다노아레가 도네리(舍人: 천황 옆에서 일하는 사람)가 되어 일을 하고 있었다. 『고사기』의 서문에 히에다노아레가 역량이 아주 뛰어나다는 것을 기록하고 있는 것을 볼 수 있다.

> 그때에 도네리(舍人)가 있었다. 성은 히에다(稗田)이고 이름은 아레(阿礼)이며 나이는 28세다. 사람은 총명해서 눈에 스치면 입으로 읊어 전하고 귀로 들으면 마음에 남기지 않는다. 그래서 천황이 명하기를 역대의 신과 천황의 사적, 신대 이래의 각 씨족의 역사 등 수많은 사항들을 암송하여 배우게 하였다.

그리고 지토(持統), 몬무(文武) 천황 대를 지나 30여 년 후 헤이죠교로 천도한 익년 겐메이(元明) 천황이 오오노야스마로(太安萬侶)에게 "히에다노아레(稗田阿礼)가 암송하여 배운 사항들을 기록하라."고 하였다.

그렇게 해서 작성하게 되고 712년 1월 28일에 천황에 헌상한 것이 『고사기』이다.

『고사기』는 상, 중, 하 3권으로 되어 있고 천지창조부터 7세기의 스이코(推古) 천황까지의 기록으로 되어 있는 것으로 일본에서 가장 오래된 역사서이다. 일본 대대로 신들과 천황들의 일들, 전해지는 이야기인 제기(帝紀), 주요한 씨족과 민간의 역사인 구사(旧辞) 등의 많은 이야기를 참고하여 고대인의 생활, 관습, 사상 등이 다방면에 걸쳐서 반영되어 있다. 상권은 신대부터 이어지는 황실의 계통을 신화로 가득 채우고 있고 중권은 초대 진무(神武) 천황부터 15대 오진(應神) 천황까지 내용을 기록하고 있으며 하권은 16대 닌도쿠(仁德) 천황부터 33대 스이코 천황까지의 역대 천황의 치세에 있었던 일들과 전승 등을 기록하고 있다. 주목할 만한 것은 신화로서 자연, 인간, 문화의 기원을 초자연적인 신들과 연관 지어 이야기로 기록하고 있는 것이나 한반도와 관련된 이야기들을 추론할 수 있는 내용이 많이 들어 있는 점이다. 그래서 우리가 더욱 흥미를 갖고 읽을 수 있는 책이다.

이 신사의 제신인 아메노우즈메노미고토(天宇受賣命)는 사루메노기미(猿女君)의 선조에 해당하는 여신으로 히에다노아레는 위 신의 자손이다. 일본 역사의 신대기에서 아마테라스 오오가미(天照大神)가 동굴로 들어가 세상이 어두워지는 '아마노이와토(天岩戸) 열기 신화' 때에 그 동굴 앞에서 춤을 춰 아마테라스 오오가미를 아마노이와토로부터 나오게 한 신이다. 또 하늘과 땅의 분기점에서 사루다히코노가미(猿田彦神)를 만나 결혼을 한다. 그런 공적을 인정받아 천황으로부터 사루메노기미(猿女君)의 성을 하사받아 궁중에서 일을 한다. 이 종족이 히에다 땅에서 정착하면서 이들의 조상신을 제사 지내는 메타 신사가 생겼는데, 이는 헤이안 시대 전기에는 조정에서 관리하는 격이 있는 신사였던 것으로 알려지고 있다. 또한 아메노우즈메노미고토는 후세에 복, 예능의 조상신으로 알려지게 된다.

사루다히코노가미(猿田彦神)는 아메노우즈메노미고토의 배우자 신으로서 천손 니니기노미고토(迩迩藝命)가 하늘과 땅의 분기점에서 길 안내를 받을 때부터 하늘에서 강림한 장소로 나오는 다카치호(高千穗)까지 선도한다. 그래서 사물이 시작하는 때, 인생의 분기점에 있을 때에 좋은 쪽으로 힘을 받는 영험이 있는 것으로 알려진 신이다.

메타 신사라는 이름은 히에다의 사루메노기미가 천황으로부터 많은 전답을 하사받고 그 전답의 주인을 사루메타누시(猿女田主)라 불렀고 이후에 사루(猿)를 빼고 메타누시(女田主)라고 부르게 되면서 그 조상신을 모시는 신사를 메타(賣太) 신사라고 칭하게 되었던 데서 유래했다고 알려지고 있다.

저자의 『규슈 역사를 따라서 한국을 찾아 걷다』에 위에서 설명한 이야기를 포함한 일본 신대의 역사에 대하여 규슈의 수많은 유적지를 찾아 남아 있는 이야기를 기록하였고 한반도의 단군 신화, 가야 신화 등과도 많은 유사성을 갖고 있는 것을 설명하였으나 이 히에다 지역에 남아 있는 내용들은 좀 더 구체적인 것이라는 것을 알게 되었다. 그리고 이 지역에서 한반도 관련 유물들이 많이 출토되고 있는 것까지 알게 되어 아주 유익한 답사였다.

4. 나라奈良 국립박물관과 한반도의 화려한 역사가 살아 있는 쇼소인正倉院

아스카·나라 지역의 답사 시작은 주로 JR 나라(奈良)역이나 긴데쯔(近鉄) 나라역에서부터 시작된다. 저자도 이곳을 기점으로 하여 아스카·나라 지역의 답사를 진행하였다. 주변에 가장 많은 유적지가 모여 있는 곳이고 아스카·나라의 다른 지역으로 기차, 버스 등 대중교통이 잘 연결되는 곳이기도 하다.

나라(奈良) 국립박물관

긴데쯔 나라역 북쪽으로는 나라 시대의 많은 유물을 남긴 쇼무(聖武), 겐메이(元明), 겐쇼(元正) 천황 등의 능이 위치하고 있고 남쪽으로는 다이안지(大安寺), 간고지(元興寺) 등 아스카 시대와 관련 있는 절들이 이전해 와 있으며 동쪽으로는 나라에 관광 오면 기본적으로 들르는 도다이지(東大寺)와 사슴 공원 그리고 나라 국립박물관, 고후쿠지(興福寺), 가스카(春日) 대사 등이 있고 서쪽으로는 헤이죠쿄(平城京) 유적과 수많은 절, 신사, 고분들과 마주칠 수 있다.

나라 국립박물관은 긴데쯔 나라역에서 나라 공원 쪽으로 가다 보면 공원 초입에 있다. 이곳은 도다이지, 고후쿠지, 가스카 대사 등이 인접하고 있어 나라 시대의 역사를 그대로 접할 수 있는 곳이다. 이곳은 나라 불상관, 청동기관, 신서관, 신동관 등의 전시관이 있고 각 전시관에서는 다양한 전시를 하고 있다.

특히 나라 불상관은 1894년에 서양 건축물로 건축된 곳으로 외관부터 오래된 느낌을 준다. 120여 년간 불상 조각 전문 전시관으로 사용되고 있는 곳이다. 이곳에는 아스카 시대부터 가마쿠라 시대의 작품을 중심으로 중국, 한반도의 불상 100여 점이 항상 전시되고 있어 한국의 불상과는 많이 다른 일본 불상의 매력을 느낄 수 있는 곳이다. 지하 회랑을 통해서 여러 전시관이 연결되어 있는데 이곳에서 흥미롭게 볼 수 있었던 것은 알기 쉽게 불상을 보는 방법에 대하여 안내하는 패널과 목조불의 제작 과정을 소개 전시하여 불상에 대한 많은 지식을 제공하고 있는 점이었다.

쇼소인(正倉院)은 대불이 있는 도다이지 뒤편에 있는데 대불을 만들었던 쇼무 천황과 고묘(光明) 황후와 관련 있는 물품을 시작으로 약 9,000건의 보물이 수납되어 있는 고대 고상식 건물이다. 이 건물의 모습은 고구려 벽화와 중국 집안 등지에서 보이는 부경과 비슷한 모습이다. 보물 중에는 중국 당나라와 한반도의 신라만이 아니고 멀리 페르시아와 인도로부터 전달된 물품도 많아 쇼소인은 '실크로드의 종착점'이라고 불려지고 있다. 쇼소인에 보물이 들어오기 약 80여 년 전에 백제가 망하면서 많은 사람들이 일본에 들어오게 되었고 그중에 수많은 사람들이 덴표(天平) 시대(미술사적인 시대 구분으로 710년부터 794년까지)에 수많은 영향을 주었다고 일본에서도 보고 있다. 그 당시 일본은 선진국이었던 대륙과 한반도의 사람들을 존중하고 일본에 들어온 사람들의 문화를 적극 수용하고 후대에 크게 발전하는 계기를 마련한 것으로 보인다.

쇼소인이 옛날 모습 그대로 잘 보존되어 있는 이유는 창고 구조에 있다고 한다. 통풍이 잘 되도록 땅에서 띄워서 지은 형태인 고상식(高床式)으로 되어 있고 바깥 공기의 영향을 받기 어려운 이중 벽 형태의 아제쿠라 구조를 이용하여 1,250여 년간 보물을 습도와 온도의 변화로부터 보존해 왔던 대단한 건물 구조이다. 또한 창고 안에 습도와 온도를 어느 정도 일정하게 유지할 수 있는 '신궤'라고 불리는 삼나무 상자에 보물을 담아 보존한 덕에 유지하는 데 크게 도움을 받았다고 한다. 이곳은 지금도 관리를 철저히 하고 있다. 건물 공개도 제한된 시간만 하고 건물 안의 유물들도 특별한 기간만 정하여 공개한다. 아주 역사적으로 의미가 큰 건축물이다.

일본에는 쇼소인이라 불리는 곳이 3군데 있다. 이 나라 도다이지 뒤편의 쇼소인 이외에 규슈 미야자키의 백제마을이라는 난고손(南鄕村)의 니시노쇼소인(西の正倉院)과 규슈 앞바다의 오키노시마(沖ノ島)에서 8만여 점의 유물이 발굴된 바다의 쇼소인(海の正倉院)이다. 니시노

쇼소인은 나라현의 쇼소인을 똑같이 모방하여 같은 모양과 규모로 1996년에 만들어 그 지역의 박물관으로 개방하고 있다. 내부 구조가 공개되지 않는 나라의 쇼소인 내부의 모습은 미야자키의 니시노쇼소인을 보면 더 잘 이해가 된다. 바다의 쇼소인은 한반도와 규슈 사이에 있으면서 2017년에는 유네스코 세계문화 유산에 등록되어 있는 곳으로, 발굴된 많은 유물들은 섬 앞쪽의 규슈 내륙에 있는 무나카타(宗像) 대사의 신보관(神宝館)에서 살펴볼 수 있다.

일본이 중국에 정식으로 사절을 보낸 것은 600년이다. 일본에 불교가 전래되면서 스이코(推古) 천황 때 중국에서 불교의 가르침에 기반한 국가를 만드는 것을 배우기 위해 사절을 보내게 되었고 그 당시 중국이 수나라 시대여서 견수사(遣隋使)라 불렀다. 그 후 중국의 왕조가 당나라로 바뀌면서 당과 좋은 관계를 유지하고 우수한 문화 도입을 위해 정치적인 역할도 한 사절을 견당사(遣唐使)라 불렀다. 현재 쇼소인에 남아 있는 당나라 보물의 대다수는 견당사가 귀국하면서 가져온 것들이다.

당으로의 견당사 이외에 신라에 견신라사(遣新羅使)와 발해에 견발해사(遣渤海使)가 있었고 역으로 발해로부터 일본에는 발해사(渤海使)가 왔었다. 발해사가 일본에 내왕했던 횟수에는 미치지 못하지만 신라사도 일본에 왔었다.

쇼소인(正倉院)

한반도의 삼국통일 전쟁에 일본은 백제와 연합하였으나 663년 한반도 서해안의 백촌강(白村江)에서 나·당 연합군에 패하면서 신라와 일본의 관계가 악화된 시기가 있었다. 시간이 지나면서 한반도 주변도 세력 변화에 대한 대응으로 일본은 당과의 관계를 구축하고 신라와의 교역도 한다. 신라 입장에서도 당과의 관계를 넘어서서 일본과의 관계를 위해서 신라사를 파견한다. 779년 견신라사가 신라에 오게 되고 일본으로 가는 신라사는 840년까지 계속 유지되었다고 한다.

이곳 쇼소인에 한반도와 관련된 유물이 많이 있는 것과 그 찬란함을 본 것은 고대 한반도 문화의 우수성을 다시 한번 느끼는 계기가 되었다. 다음에 소개하는 한반도에서 들어온 많은 유물들 하나하나에 남아 있는 한반도와 관련된 이야기는 다시 한번 잘 새겨 두어야 할 내용인 것으로 생각된다.

신라의 사신이 가지고 온 것과 필요한 것들을 구입한 것의 기록인 것으로 보이는 '바이시라기부쯔개(買新羅物解)'라는 종이가 있다. 쇼소인 보물 중에 당나라풍으로 보이는 병풍이 있고 그 안에 신라와 관련된 '바이시라기부쯔개'가 발견된 것은 아주 특이한 경우로 보여진다.

도리개리즈쬬뵤부(鳥毛立女屛風)라는 6조로 1세트가 되어 있는 병풍이 있다. 그중에 5번째 병풍에 붙어 있는 종이에는 당시에 일본 귀족이 신라의 사신으로부터 샀던 물품과 가격이 쓰여 있었다. 당시 종이는 귀중한 것이라서 한번 사용한 것을 다시 사용하고 있었던 것 같다. 그 안에는 인삼과 같은 신라산만이 아니고 중국의 돗자리, 인도의 향료 등도 신라로부터 사고 대금은 비단과 솜 등으로 지불하고 있었다. 재사용한 종이로부터 신라의 상인이 세계 여러 나라로부터 물품을 수집해 그것들을 일본에 갖고 왔던 것을 알 수 있는 주요한 자료이다. 국제 교류가 번성하였던 것을 볼 수 있다.

한반도의 신라로부터 들어온 많은 유물이 남아 있는데 그중에 사하리(佐波理)로 된 여러 종류의 물품들이 있다. 사하리는 동과 주석을 혼합한 금속인데 쇼소인에는 사하리 젓가락, 쟁반, 놋그릇 등이 1,000여 점 이상 전해지고 있다. 그릇을 싸고 있던 종이에는 신라 관인의 급료 등이 쓰여 있는 것도 보인다. 또한 신라 경주의 유적으로부터 쇼소인의 것과 같은 모양이 발견되면서 사하리의 뿌리가 신라라는 것을 알게 된다. 그리고 사하리의 어원은 우리나라에서 식기를 의미하는 '사발'에서 온 것으로 인식하고 있었다.

신라에서 가져온 것으로 생각하는 것 중에 사하리노사지(佐波理匙: 숟가락)는 현재 우리 주변에서 볼 수 있는 구리 수저와 별반 차이가 없어 보인다.

사하리노가반(佐波理加盤: 그릇)은 쇼소인에 제 1호부터 86호까지 총 432개가 있다. 그중에 「구중가반(九重加盤)」은 두께가 1㎜ 이하로 된 조금씩 작은 크기의 그릇 9개가 거의 틈이 없을 정도로 들어 있는 모습을 볼 때 당시의 신라의 금속 가공 기술력이 아주 높았던 것을 알 수 있다.

쇼소인의 헤이라덴하이노하쯔가쿠교(平螺鈿背八角鏡)와 삼성 리움 미술관에 소장하고 있는 가야 지역에서 발굴된 것으로 알려진 국보 140호인 나전단화금수문경(螺鈿団花禽獣文鏡)이 같은 모양으로 남아 있어 특별한 관계를 생각하게 된다. 쇼소인의 헤이라덴하이노하쯔가쿠교는 야광 조개를 잘라 만든 하얀 나전과 동남아시아산의 붉은 호박 등으로 꽃이랑 새의 문양을 만들고 그 주변을 흰색과 파란색의 작은 터키석으로 메웠다. 세계에서 귀중한 소재로 구성된 거울이 당나라에서 만들어진 것으로 알려지고 있다. 거의 같은 모양의 거울이 한국에서 발견되었고 같은 소재가 사용되었던 것을 알 수 있다. 꽃 등의 문양도 거의 비슷하다. 어디서 만들어져 어떻게 양국에 현재까지 남아 있게 되었는지는 불확실하나 당나라의 황제가 신라와 일본의 사절에게 선물로 준 것이라고도 추측하는 의견도 있다. 2개가 아주 닮았음에도 크기에는 다소 차이가 있다. 쇼소인의 거울이 직경 면에서 한국의 것보다 2배 정도 크다.

로리노쯔기(瑠璃坏)와 보물 325호인 칠곡 송림사 오층 전탑 사리 장엄구 중의 유리잔(瑠璃杯)이 아주 닮은 모습으로 양국에 남아 있다. 쇼소인의 것은 감색이고 한국의 것은 옅은 초록색으로 색이 다르고 크기도 조금 차이가 있으며 일본 것이 조금 크다. 한국의 유리잔은 석가의 유골을 넣는 용기의 일부로 되어 있고 유리 자체는 페르시아나 당나라에서 만들어진 것으로 볼 수도 있으나 둘레를 장식한 것은 신라에서 만들어진 것으로 생각할 수 있다. 신라에서도 견당사를 보내 적극적으로 당의 문화를 도입하고 있었고 이것은 국제 교류의 물품으로 남아 있다고 생각할 수도 있다.

하쿠도노센시(白銅剪子)와 경주 월지(月池) 유적에서 출토되어 경주 국립 박물관에 있는 금동 가위(金銅鋏)가 아주 닮은 꼴이라서 신라에서 만들어진 것이 쇼소인으로 들어간 것으로 보는 견해가 많다. 윗부분의 모습이 반원형의 칼이 붙어 있는 가위 형태인데 이것은 양초의 심지를 자르기 위한 용도이다. 이것은 신라 관련 보물 중에서 일본에 남아 있는 가장 최초의 가위로 아주 특이한 것이다. 길이가 22.6㎝로 길고 두께도 상당히 두꺼워서 아주 크고 강한 것을 자르는 용도였던 것으로 추측된다.

쇼소인에는 15개의 묵(墨)이 전해지고 있다. 그 묵에는 '시라기요우게죠보쿠(新羅楊家上墨: 신라의 양이라는 일족이 제조했던 상급의 묵)'라는 문자가 음각되어 있다. 신라에서 만들어져 일본에 수입된 것을 알 수 있는 것이다. 여러 가지 보물이 당나라, 일본, 신라의 활발한 교류에 의해서 남아 있었던 것을 보여 주고 있다.

특이한 유물이 하나 있는데 우리로서는 관심을 가질 수밖에 없는 것이다. 니시키무라사키아야베니로게치아시기누마누이노모(錦紫綾紅臈纈絁間縫裳)라고 하는 고대 여성의 치마이다. 그런데 이것이 관심을 끄는 이유는 고구려 고분 벽화와 고구려와 관계 있을 것으로 추측되는 나라현 아스카무라(明日香村)에 있는 다카마츠츠카(高松塚) 고분 벽화에 있는 여성이 입은 주름 치마의 모습과 거의 일치하기 때문이다. 그 실물이 현재 쇼소인에 남아 있다는 것이 놀라울 뿐이다.

이 치마는 많이 해져 완벽한 모양은 아니지만 빨강, 보라, 녹색의 가늘고 길게 자른 토막을 늘어트려 서로 붙여 만든 치마의 모양으로 고구려 고분 벽화에 있는 여성의 치마와 매우 비슷한 모양이다.

시라기고토(新羅琴)라는 가야금이 있는데 12현으로 되어 있고 밑의 끝부분에 현을 묶는 곳이 양의 귀 같은 형태로 된 특이한 모습을 보이고 있다. 보물의 출입 기록인 『자쯔모쯔슈쯔뉴쵸(雜物出入帳)』에 의하면 823년 2월 19일 없어졌던 금루신라금(金鏤新羅琴)을 대신해서 동년 4월 14일에 채워졌던 가야금이고 원래 것은 없어지고 대역이 보물이 되었다고 한다. 시라기고토는 쇼소인의 북창에 2개, 남창에 1개 총 3개가 전해지고 있다.

게곤교론노치쯔(華嚴經論帙)는 몇 권의 경전을 묶을 때 싸는 종이로 만든 보관구이다. 이것의 왼쪽 위의 묵서에는 '화엄경론칠질(華嚴經論七帙)'이라고 기록이 있는데, 북위의 영변(靈弁)이 정리한 화엄경론 100권 중에 몇 권이 포함되어 있던 것으로 추정된다. 당시에 『화엄경』 연구의 선진 지역인 신라로부터 일본이 이 경전을 받은 것이 확실하다고 생각되는 자료이다. 도다이지와의 교류를 추측할 수 있는 것이다.

그런데 이것의 안쪽에 붙어 있는 종이는 신라의 공문서가 재사용된 것이라고 한다. 이 공문서에는 신라 4개 촌락의 명세가 쓰여 있다. 마을명, 마을 면적, 집 수, 가축 수, 경지 면적, 나무 수, 전회 조사 이후 3년 간의 추이 등이 쓰여 있다. 당시의 신라 사회와 통치 등을 알 수 있는 귀중한 자료가 나온 것이다. 현재의 충청북도의 청주시에 해당하는 '서원경(西原京)'의 이름과 장소도 대략 특정되어 있다. 그리고 이 문서는 신라 효소왕(孝昭王) 695년에 작성된 것으로 알려지고 있다.

우리나라에서 볼 때도 아주 오래되고 구체적인 내용이 기록된 놀랄 만한 자료가 발견된 것이다. 그런데 현재 이 문서는 볼 수 없고 단지 사진밖에 없다. 1933년 수리할 때 뜯었던 것을 원래 상태로 되돌리지 않은 결과이다. 당시의 조사 수리 방법의 한계가 있었던 것 같다.

쇼소인전(正倉院展)은 매년 가을에 나라 국립박물관에서 쇼소인의 보물 중에서 일부를 특별 전시하는 것으로 2018년 10월 전시가 70회에 이르는 등 일본 내에서 아주 유명한 국보급 보물 전시로 알려져 있다. 이 시기에 맞추어 나라 국립박물관을 방문한 전국의 수많은 사람이 줄을 서서 관람하는 유명한 전시회이다.

2018년은 특히 한반도 관련 유물이 많이 전시되어 한국인들에게도 많은 관심을 갖게 한 부분이 있다. 앞에서 설명한 한반도와 관련 있는 보물 중 헤이라덴하이노하쯔가쿠교(平螺鈿背八角鏡) 거울, 니시키무라사키아야베니로게치아시기누마누이노모(錦紫綾紅臈纈絁間縫裳) 여성 치마, 하쿠도노센시(白銅剪子)라는 가위, 시라기고토(新羅琴)라는 가야금, 게곤교론노치쯔(華嚴經論帙)라는 화엄경 보관구 등이 이번에 포함되어 전시되었다.

2장

일본 초대 진무神武 천황의 땅 가시하라橿原

1.
가시하라橿原 신궁, 진무神武 천황릉, 우네비야마畝傍山 주변의 초기 천황릉, 가시하라 고고학 연구소 부속 박물관

『일본서기』에는 규슈 미야자키에서 동쪽을 향해 진군한 진무(神武)는 우네비야마(畝傍山)의 동남쪽 가시하라(橿原)의 땅에 궁전을 짓고 일본 초대 천황으로 즉위한다는 기록이 있다. 이것이 일본 건국의 시작이라고 이야기하고 있는 것이다. 이와 관련된 유적지들이 산재해 있는 가시하라시는 일본의 긴키 지역의 오사카, 교토, 나라에서 버스, 기차로 바로 연결되는 교통이 좋은 곳이다.

가시하라(橿原) 신궁

나라 지역에서 보면 가시하라는 나라시에서 아스카를 향해 남쪽으로 가다 만나는 곳이다. 서쪽이 오사카, 동쪽이 사쿠라이시, 아스카촌으로 가시하라시를 중심으로 동서남북이 일본 고대사와 관련되어 있으면서 한반도와도 깊숙한 관련이 있는 곳으로 나라 역사 여행에서 방문하면 많은 것을 느낄 수 있는 곳이다.

긴데쯔(近鉄) 가시하라(橿原)선의 야마토야기(大和八木)역, 우네비고료마에(畝傍御陵前)역, 가시하라진구마에(橿原神宮前)역, 오카데라(岡寺)역, 아스카(飛鳥)역 등으로 연결되는 기차 노선의 주변으로 수많은 고대사의 흔적이 남아 있는 곳이다.

이 지역이 접해 있는 아스카무라(明日香村), 사쿠라이(桜井)시, 가시하라(橿原)시와 나라(奈良)현 등에서는 아스카(飛鳥), 후지와라(藤原) 궁도와 관련 자산군에 대하여 '아스카, 후지와라를 세계 유산에!'라는 표어를 내세워 세계유산 등록을 추진하고 있었다. 이 지역 여기저기에는 '일본 건국의 땅 가시하라(Place of the founding of a country of Japan)', '환영, 일본 시작의 땅에' 등의 포스터 등을 볼 수 있었다.

지금 일본이라는 나라의 시작이라고 하는 지역을 찾아가고 있다. 우네비고료마에역이나 가시하라진구마에역에서 내리면 우네비야마, 가시하라 신궁, 진무 천황릉, 가시하라시 고고학 연구소 부속 박물관 등에 좀 더 쉽게 접근할 수 있다.

이곳에 내리면 제일 먼저 눈에 보이는 곳은 199m 높이의 우네비야마이다. 이 부근의 들판에 우뚝 서서 눈에 들어오는 3개의 산을 야마토(大和) 3산이라고 부른다. 그중에 우네비야마가 최고로 높다. 우네비야마와 가구야마(香久山), 미미나시야마(耳成山)를 주제로 한 노래가 『만요슈(万葉集)』[고대 일본의 시가(詩歌)집]에 많이 남아 있는데, 이는 이 산들이 오랫동안 이곳에서 유명한 산들임을 말해 준다.

가시하라 신궁은 가시하라진구마에역에서 내려 서쪽으로 조금 걸어가서 입구의 거대한 도리이(鳥居)를 지나 잘 정비되어 있는 산도(參道: 참배 도로)를 지나면 오른쪽으로 들어가서 있다. 커다란 공간이 있고 그 안에 우네비야마를 배경으로 배전이 장엄하고 적막한 분위기로 자리 잡고 있었다.

『일본서기』에서 일본 초대 천황인 진무 천황이 즉위한 곳으로 여겨지는 가시하라 궁의 구지(旧址) 땅에 메이지 시대인 1890년에 창건되었다. 가시하라 신궁의 본전은 원래 교토 어소(천황 궁전) 안에 있던 천황가의 '3종(種) 신기(神器)'의 하나인 야타노가가미(八咫鏡)와 아마테라스 오오가미(天照大神)를 제사 지내던 건물을 이축한 것이라고 한다.

진무 천황과 관련하여 일본 이외의 국가로부터 비판을 받는 내용이 있다. 『일본서기』에 의하면 진무가 가시하라에서 수도를 열면서 "여덟 개의 밧줄(八紘)을 덮어 집으로 삼는 것(爲宇)이 좋겠다."라고 말한 데서 '핫고이치우(八紘一宇)'라는 말이 생겨났다. 『일본서기』에 언급될 때는 '세계를 하나의 집으로 한다.'는 의미로 기록되었으나 진무 천황의 건국을 기념하여 제사 지내는 가시하라 신궁이 만들어지면서 의미가 변질되어 일본 제국이 해외 침략을 정당화하기 위한 표어, 즉 '전 세계가 모두 천황의 지배하에 있다.'는 개념으로 사용되면서 한국을 포함한 주변국들로부터 지탄을 받고 있는 문구이다.

일본 천황의 계보는 진무 천황 이후 8대가 가공의 왕들이라고 하는 경우가 많지만 이 우네비야마 주변에는 초대 진무부터 4대 이도쿠(懿德)까지 천황릉으로 정해진 곳들이 있다. 능묘가 결정되고 정비되었던 일본 근세의 역사도 알 수 있는 곳이다.

가시하라 신궁 옆으로 우네비야마 동북쪽에 진무 천황릉이 넓은 지역에 한적하게 위치하고 있는 것을 볼 수 있다. 이곳은 원래 2대 스이제이(綏靖) 천황릉으로 알려지고 있었는데 1863년 진무와 관련된 지명이 알려지면서 초대 천황의 능에 걸맞게 광대한 묘역을 정비하여 놓은 곳으로 묘역으로 들어가는 길이 울창한 숲으로 둘러싸여 장엄한 분위기를 느낄 수 있다. 이곳으로 가는 길에 만난 한 노인은 매일 같은 시간에 참배를 하고 있다고 한다. 일본인들에게는 남다르게 중요한 곳으로 생각되는 곳인 것 같다.

진무 천황릉 바로 옆에 있는 스이제이 천황릉은 원래의 능이 진무 천황릉으로 변경되면서 1878년 현재의 위치의 원분으로 비정되어 현재에 이르고 있다. 우네비야마 서남쪽에 3대 안레이(安寧) 천황릉, 남쪽에 제 4대 이도쿠(懿德) 천황릉이 지정되어 관리되고 있다.

그리고 가시하라신궁역에서 아스카 지역의 유적지로 가는 길목에 처음으로 만나는 거대한 고분을 볼 수 있다. 8대 고우겐(孝元) 천황릉으로 지정되어 있는 곳이다. 현재는 이시가와이케(石川池)로 불리는 오진 천황 시기에 축조되었다는 쯔루기노이케(劍池)라는 연못에 붙어 있는데, 오래된 분위기가 그대로 남아 있는 것을 느낄 수 있었다.

일본 초대 진무(神武) 천황릉

나라 현립 가시하라 고고학 연구소 부속 박물관은 나라 현립 가시하라 고고학 연구소가 나라현 내에서 실시해 온 발굴 조사와 연구 성과를 전시하고 있는 시설이다. 한반도와의 관련이 깊은 놀랄 만한 발견들이 이곳에서 이루어졌고 관련된 내용들도 이 박물관에 전시되고 있다. 국보 1점, 중요 문화재 10점을 포함해서 약 10만여 점의 실물을 소장·보관하고 있고 그중에 약 1만여 점을 상설 전시하고 있다. 그중에 후지노키(藤ノ木) 고분 출토품, 『고사기』의 저자인 오오노야스마로(太安萬侶)의 묘지 발굴 등의 일본 역사뿐만 아니라 우리 역사와의 많은 관계를 실증할 수 있는 놀라운 성과물들이 전시되어 있었다.

이곳의 고분 시대실에는 3세기 후반 나라 분지의 남동부에 대형 전방후원분이 만들어진 것이 최초의 대왕묘인 하시하카(箸墓)고분으로 보인다고 소개하고 있었다. 이곳의 조영에 직접 관련 있는 마키무쿠(纒向) 유적에는 하시하카 고분 이전에 조영한 이시츠카(石塚) 고분이 있는 것 등으로 봐서 이 유적지가 야마토 왕권 최초의 도시로 생각하는 내용도 알 수 있었다.

왕권을 상징하는 거대 묘의 부장품들을 발굴하여 전시하고 있는데 그중에 나라 지역에서 청동 거울이 많이 발굴되어 이를 전시하고 있었다. 20~40개 정도의 다량의 청동 거울이 나온 고분도 있다. 덴리(天理)시 덴진야마(天神山) 고분에서 23개가 출토된 것이 그 한 예이다. 삼각연신수경, 직호문경, 화문대신수경, 내행화문경, 동형경, 가옥문경 등 종류도 다양하게 출토되었다. 중국에서 건너온 것 이외에도 일본 열도에서 직접 제작한 것도 다수 있는 것으로 확인되었다고 한다. 같은 원형에 의한 거울이 일본 각지의 복수의 고분에 나뉘어 부장되어 있는 것도 특이한 점이다.

그리고 석제품들과 장신구 등은 중국 제품으로 한반도 남부의 가야를 경유해서 왔다고 언급하고 있다. 그런데 이곳에서 출토된 많은 석제품과 철제품들이 고구려가 있었던 집안의 묘와 가야가 있었던 김해의 대성동 고분에서 나온 유물들과 많이 일치되는 것을 보여 주고 있다. 주로 4세기 일본의 전기 고분의 부장품과 같은 유물이 가야의 중심지인 김해 대성동 고분에서 출토되는 것으로부터 중국과 한반도의 문물이 이 지역을 통해서 일본 열도와 교류되었음을 알 수 있다.

5세기에 일본에는 5명의 왕이 중국에 사신을 보냈다고 중국의 역사서에 기록되어 있는 '왜의 5왕 시대'가 있다. 그들은 동아시아 중에서도 특히 한반도의 정세에 깊은 관심을 갖고 있었다. 같은 시기에 대왕묘의 대형 전방후원분이 나라 분지로부터 가나이(河内) 평야로 이동해서 고분도 아주 거대화된다. 특히 모즈(百舌鳥) 고분군은 오사카 만에서 조망을 의식한 장소가 선택된 곳으로 국제화 시대에 대응했던 것으로 알려지고 있다.

고분의 바깥을 장식하는 하니와(埴輪)뿐만 아니라 많은 목제품들도 발굴되었고 전시하고 있다. 그중에 배 모양의 하니와 실물이 출토되어 그것을 기반으로 고분 시대의 선박을 복원하여 '하미하야(はみはや)'라고 부르면서 그 배를 타고 한반도까지 바다를 건넜다는 사진을 전시하고 있는 것을 볼 수 있었다.

5세기에는 일본 열도의 각지에 한반도로부터 많은 도래인들이 왔던 시기이다. 특히 남부의 가야를 둘러싼 불안정한 국제 정세로 더 많은 사람들이 이주하게 된다. 그들에 의해서 받아들여진 새로운 기술은 금속 공예, 철기 생산, 토목 기술, 스에키 생산 기술 등이 있었다. 동시에 승마의 풍습과 횡혈식 석실의 매장법과 함께 죽은 사람에게 음식을 공급하는 스에키 부장품 등의 풍습이 전해져 기술 혁신을 이룸과 동시에 일상 생활에도 큰 영향을 끼친 것을 알 수 있다.

도래인의 묘로 소개하고 있는 가시하라시의 니이자와(新沢) 126호분의 부장품들을 사진으로 전시하고 있었다. 그곳에서 나온 여러 청동제 다리미, 금제 반지, 유리잔 등 유물들이 한반도에서 출토된 것과 아주 유사한 것을 볼 수 있다.

한반도와 일본의 갑옷, 마구, 말 장식 등과 횡혈식 석실 그리고 도질 토기와 스에키 등에 대해서도 일본과 한반도에서 발굴된 것을 비교하여 유사성을 보여 주고 있었다.

6세기를 대표하는 금속 공예품에는 마구와 장식 대도가 있다. 금상감 기술을 사용한 장식이 풍부한 제품을 만들었으며 특히 마구에 많이 사용된 것을 볼 수 있었고 대도에는 칼 몸체와 고리에 남아 있는 모습을 볼 수 있었다. 그리고 뒤 장에서 방문하여 좀 더 구체적으로 살펴볼 후지노키 고분에서 출토된 관이랑 혁대에도 금동 장식들을 볼 수 있었다. 많이 출토된 환두대도와 원두대도는 한반도에서 들어오고 그 후에 일본 열도 내에서도 생산된 것으로 알려지고 있다고 설명하고 있었다.

후지노키 고분이 만들어졌던 6세기 후반에는 한반도에서 신라에 의해 가야가 멸망하는 시기이다. 그때까지 가야를 통해서 대륙 문화를 접했던 일본 열도의 대왕가와 유력 호족들은 새로운 창구로 백제와 신라를 선택했다. 그래서 후지노키 고분의 금동제 마구와 같이 그때까지 계보가 다른 새로운 문물이 전해진 것을 알 수 있다고 설명하고 있는 것을 볼 수 있으나 그 당시의 사정에 대해서는 좀 더 많은 연구가 필요한 것 같다.

나라 현립 가시하라 고고학 연구소 부속 박물관

후지노키 고분은 호류지의 서쪽에 있는 직경 약 48m의 대형 원분으로 횡혈식 석실 내에 빨간색을 칠한 집 모양 석관이 있었고 그 안에는 2명으로 추정되는 인물이 묻혀 있었다. 석관 밖에는 3조의 마구가 있었고 석관 안에는 금속과 유리옥을 중심으로 하는 장신구와 대도 등과 관, 혁대, 통 모양의 물건 등의 금동 제품이 들어 있었다. 금동 마구류, 대도, 각종의 금동 제품 등을 볼 때 유력 호족이나 백제 왕가 또는 대왕의 젊었을 때 죽은 근친자인 것으로 추론하는 등 그 피장자는 확실하지 않으나 한반도와 깊은 관계가 있는 고분이다. 뒤에서 별도의 설명을 참조하면 좋을 것 같다. 또한, 후지노키 고분에서 출토된 많은 유물들을 잘 분류하여 전시하고 있는 것도 볼 수 있었다.

나라의 거대 도시였던 후지와라쿄(藤原京)와 헤이죠쿄(平城京)에 대하여도 전시하고 있었고 일본의 불교 전래와 사원의 융성 등에 대하여도 잘 전시하고 있었다. 초기에 절을 만들 때 백제로부터 많은 기술자들이 와서 기술을 가르쳤으며 그들이 기술을 전파했다는 사실을 드러내고 있었다. 하나의 예로 아스카데라에서 발굴된 기와 등은 백제 계통의 모양이라고 명시하고 있었다.

『고사기』의 저자인 오오노야스마로(太安萬侶)의 묘 모형과 발굴 당시의 사진 및 묘지(墓誌)의 내용 등을 전시하고 있었다. 그중에 흥미로운 것은 또 한 명의 야스마로(安萬侶)인 오하리다야스마로(小治田安萬侶)의 묘 발굴에 대한 내용도 세부적으로 설명을 덧붙여 전시하고 있었던 점이다. 그리고 다카마츠츠카(高松塚) 고분의 벽화와 출토품을 복제하여 전시하고 있었다.

일본 내의 여러 박물관을 방문하였으나 외국인 관람객에게 입관료를 받지 않은 곳은 이곳이 처음이었던 것 같다. 여러 대중교통을 갈

아타면서 멀리까지 와서 일본 역사 속에서 한반도 관련된 많은 유물, 유적을 보고 느낀 것만으로 유익한 시간이었는데 외국인으로 특별 대우를 받은 것 같아 기분이 좋은 방문이었다.

2.
야마토 3산에서 지켜보는 후지와라藤原궁, 모토야쿠시지本藥師寺, 다이간다이지大官大寺 유적 등

일본에서는 이 일대를 '아스카(飛鳥)·후지와라(藤原) 궁도(宮都)와 연관 자산군'이라는 명칭으로 세계유산에 등록하려고 하고 있다. '아스카·후지와라'는 고대 일본의 정치, 문화의 중심지로서 592년에 스이코(推古) 천황이 도유라노미야(豊浦宮)에서 즉위한 이후 710년에 헤이죠쿄(平城京)에 천도할 때까지 아스카 시대의 많은 천황의 궁과 수도가 위치하고 있는 지역이다. 일본 최초 수도의 모습을 볼 수 있는 곳이다.

후지와라(藤原) 궁터

이 지역은 긴데쯔(近鉄) 가시하라진구마에(橿原神宮前)역이나 아스카역에서 내려 자전거를 빌려 타고 방문하면 많은 유적지를 둘러볼 수 있다. 가시하라진구마에역 앞 광장에 특이한 모습의 분수대를 볼 수 있다. 그런데 그 모습이 어디에선가 많이 본 듯한 이미지를 갖고 있었다. 어디에서 본 것일까 많이 생각하다가 문득 떠오르는 모습이 있었다. 충남 공주의 무령왕릉 발굴 시 무덤 입구에 놓여져 있어 많은 사람을 놀라게 했던 석수(石獸)와 모양은 다르지만 분위기와 이미지가 비슷한 느낌을 받았다. 한반도와 멀리 떨어진 이곳에 같은 분위기의 조형물이 있는 것은 참 흥미로운 것이었다.

'아스카·후지와라' 문화 유산은 몇 가지 의미가 있는 곳이다. 첫째, 일본 국가 형성 과정에 대한 많은 이야기와 고고학적 유적들이 남아 있다. 둘째, 아스카 지역에 많은 사람과 문물이 들어오면서 국가 체제가 정착되었다. 셋째, 후지와라는 일본 최초의 수도로 규모 있는 도시의 흔적이 남아 있다. 넷째, 국가 형성에 영향을 주었던 한반도의 도래인들과의 교류 이야기가 풍부하게 남아 있다.

'아스카·후지와라' 시대에는 중국의 수, 당나라와 한반도의 고구려, 백제, 신라와의 여러 가지 교류가 성행하면서 일본의 정치 제도와 문화의 기초가 만들어졌다. 그중 현재 일본에도 그대로 영향을 미치고 있는 것이 많다.

앞 장에서도 언급하였듯이 가시하라에는 야마토 평야에 한 변이 약 3㎞ 정도 되는 거리에 삼각형으로 위치하는 3개의 산이 있다. 북쪽에는 미미나시야마(耳成山), 동쪽에는 가구야마(香久山), 서쪽에는 우네비야마(畝傍山)가 야마토 3산(大和三山)이라고 불려 오고 있다. 높이가 약 200m가 되지 않는 조그마한 산들인데 신화와 전설의 무대가 되고 있는 곳이다. 그리고 그 산들을 조망하면서 그 삼각형 안의 평야에 후지와라 궁터(藤原宮跡)가 남아 있다.

우네비야마는 199m로 야마토 3산 중에서 최고로 높다. 앞 장에서도 언급하였듯이 『만요슈』에는 가구야마, 미미나시야마, 우네비야마를 주제로 한 노래가 많이 남아 있다.

가구야마는 높이가 152m로 『만요슈』에는 텐가구야마(天香具山)로 많이 기록되어 있고 고대에는 하늘나라와 관련 있는 땅으로 여겨져 근처에는 아마이와도(天岩戸) 신사 등 신화와 관련된 유적지가 있다.

미미나시야마는 높이가 139m로 세 개의 산 중에 가장 낮다. 고대에는 신들의 산으로 섬겨져 왔던 곳이다. 후지와라 궁터에서 보면 북쪽에 있으면서 이 유적과 잘 어우러지는 풍경을 만들어 내는 것을 볼 수 있다.

후지와라 궁터는 일본 최초의 도성 후지와라쿄(藤原京)의 궁전 유적이 있는 곳으로 『일본서기』에 덴무(天武) 천황의 황후였던 지토(持統) 천황 8년 694년 1월 9일에 "아스카노기요미하라노미야(飛鳥淨御原宮)에서 서북방의 후지와라궁으로 옮겼다."라고 기록되어 있다. 몬무(文武), 겐메이(元明) 천황 3대에 걸쳐 710년까지 16년간 궁전이 있었던 곳이다. 크기는 동서 약 5.3㎞, 남북 약 5.3㎞의 규모이고 동서남북으로 도로가 정비되어 있는 것을 볼 수 있다. 이곳은 이후의 헤이죠쿄(平城京)와 같이 당나라의 장안(長安)을 모방한 곳으로 알려지고 있다.

그리고 궁 앞의 서쪽으로 모토야쿠시지(本藥師寺)와 동쪽으로 다이간다이지(大官大寺)가 있었는데 후지와라쿄(京)를 수호하는 국가 사찰로서 역할을 한 큰 절이었다. 현재는 유적지만 남아 있는 이 두 곳에서 한반도와 관련된 역사적인 이야기를 찾는다.

모토야쿠시지는 당시 이 지역을 대표하는 거대한 사찰이었지만 현재는 좁은 마을 길을 따라 들어가면 최근에 지은 듯한 조그마한 절 건물이 있고 근처 들판에서 발견된 초석들을 경내에 모아놓고 있는 것을 볼 수 있었다. 조금 떨어진 밭에 동서 양 탑의 심초석 등이 남아 있는 아주 큰 절이었던 것 같으나 그 흔적만이 남아 있는 곳이다.

모토야쿠시지는 유네스코 세계문화유산으로 등록되어 있는 나라의 니시노교(西の京)에 우뚝 솟아 있는 야쿠시지(薬師寺)의 전신이다. 야쿠시지는 현재도 나라의 대표적인 사찰로 나라를 안내하는 광고에 많이 나오는 모습을 볼 수 있다.

이곳 안내판에 있는 내용을 보면 모토야쿠시지는 『일본서기』에 텐무 천황 9년 680년에 천황이 황후의 병이 빨리 낫기를 기원해서 만든 절이라는 기록이 있고 천황 사후 지토 천황 2년 688년 행해진 불사에서 당, 탑의 일부가 완성되었다는 것을 볼 수 있다. 그 후 지토 천황 11년 697년 개안회가 열렸다고 하고 『속일본기』에 의하면 익년 몬무(文武) 천황 2년 698년에 가람은 거의 완성되었다고 전해지고 있다.

『야쿠시지죠와엔기(薬師寺長和縁起)』 및 『쥬유기(中右記)』 등에 의하면 이 절은 후지와라교(藤原京)에 있다가 718년 헤이죠교(平城京) 천도 시 그곳으로 이전을 했고 이전한 후에도 헤이안 시대 중기까지 가람이 존재했던 것을 알 수 있다.

모토야쿠시지(本薬師寺) 유적

헤이죠교의 천도 시 이전 후에도 야쿠시지에 대해서 이곳은 모토야쿠시지라고 불려졌다고 한다. 가람은 중심에 금당이 있고 그곳의 전면 좌우에 동·서탑이 배치되고 남쪽에 중문이 있고 양쪽으로 회랑이 둘러싸고 북측의 강당으로 연결되는 야쿠시지식 가람 배치라고 불려진다.

발굴 조사에 의해서 금당, 동탑, 서탑은 기단 등의 규모가 헤이죠교의 야쿠시지와 거의 같은 규모인 것이 알려지면서 현재 나라(奈良)의 야쿠시지(薬師寺)를 둘러 보면 모토야쿠시지(本薬師寺)의 규모를 짐작할 수 있을 것이다.

모토야쿠시지 유적의 절 문에 붙어 있는 일본의 유명한 작가가 쓴 「시바 료타로(司馬遼太郎)가 생각했던 것」이라는 내용 안에 「나의 휴식처」라는 제목으로 붙여 놓은 내용이 현재 이곳의 분위기를 보여주는 것 같아 소개한다.

집으로부터 20분 정도 가면 야마토(大和) 분지로의 고개가 있다. 그곳을 넘어서 30~40분 정도 가면 아스카의 고분과 구릉 떼 안으로 들어간다. 가까운 곳이라 생각하여 종종 간다. 아스카는 같은 야마토임에도 나라(奈良), 니시노교(西ノ京), 이카루카(斑鳩) 등과는 다르다. 쇠퇴한 곳이었지만 조금씩 우리 곁으로 가까이 다가오고 있다. 수학 여행단도 관광버스도 이곳까지는 그다지 오지 않는다. 오늘 밭 한가운데 있는 모토야쿠시지(本薬師寺) 유적의 초석들을 찾아냈다. 초석의 맞은편은 갈대밭의 냄새가 나는 것 같은 만요(万葉)풍의 들판이라고 말하고 싶지만 그곳까지 희망한 대로일 수는 없다. 그저 우네비(畝傍) 뒤편의 보리밭이다.

다이간다이지(大官大寺) 유적

모토야쿠시지에서 동쪽으로 조금 가면 후지와라교 스자쿠오오지(朱雀大路) 유적이 나온다. 이곳은 후지와라교의 좌경(左京)과 우경(右京)을 나누는 중앙도로이다. 이곳에서 약 200m 앞쪽에 후지와라교의 정문인 중문[스자쿠몬(朱雀門)]이 있고 이곳에서 남쪽으로 연결되어 있는 도로의 규모를 알 수 있다. 그리고 후지와라교 조영 시 고분 등을 타 지역으로 이전한 기록의 확인 등에 대한 내용들도 안내판에 보여주고 있었다.

다이간다이지 유적은 후지와라교에서 아스카로 넘어가는 길의 왼쪽 들판에서 볼 수 있다. 이곳에는 '다이간다이지(大官大寺) 탑지지(塔址地)'라고 표시된 대리석과 아스카무라(明日香村)에서 만든 '사적 다이간다이지(大官大寺) 유적' 안내판만이 지나는 길손을 맞이하고 있다.

'사적 다이간다이지 유적' 안내판에 있는 내용을 살펴본다.

> 다이간다이지는 『일본서기』, 『다이안지(大安寺) 가람연기』 등의 문헌 자료에 '다이간다이지' 또는 '오오쯔가사노오오데라'라고 기록되어 있으나 그 실태는 명확하지 않다.
> 다이간다이지는 구다라오오데라[百濟大寺, 기비이케하이지(吉備池廃寺)]로부터 다카치노오오데라(高市大寺), 다이간다이지, 그리고 다이안지(大安寺)로 이전하면서 변천한 것이 기록되어 있지만 다카치노오오데라에 대하여는 정확하지 않다.
> 1974년부터 발굴조사에 의해 중문, 금당, 강당이 남쪽에서 북쪽으로 나란히 배치되어 있고 중문과 금당을 연결하는 회랑의 중간 동쪽에 탑을 배치하는 가람 배치라는 것을 알게 되었다. 회랑으로 둘러싼 범위만으로도 동서 144m, 남북 195m의 크기로 후에 도다이지(東大寺) 창건 당초의 회랑 규모와 같은 크기이다. 탑은 기단의 규모로부터 9중탑으로 추정되고 있다. 다이간다이지(大官大寺)는 문자 그대로 아스카 최대의 사원이었다.

현재의 다이안지는 나라시 중심부인 JR 나라역에서 가까운 거리에 있다. 헤이죠교(平城京)로 이전되었을 때 다이안지로 불려졌고 가람은 대불로 유명한 도다이지와 고후쿠지(興福寺)와 나란히 규모가 제일 큰 사원이었으며 동서에 7중탑이 나란히 서있는 모습으로 '난다이지(南大寺)'라고도 불렸다고 한다.

이곳을 지나 아스카로 가는 길에 후지와라 궁터(藤原宮跡) 옆에 있는 나라문화재연구소 후지와라 궁터(藤原宮跡) 자료실이라는 조그만 전시실을 방문한다. 이곳에는 후지와라구(藤原宮), 후지와라교(藤原京)를 중심으로 해서 아스카(飛鳥), 후지와라(藤原) 지역에서 발굴, 출토된 유물들을 소개하고 있다. 전시실에는 후지와라교가 만들어지는 과정, 완성된 도시의 모습, 주민의 생활 등에 대하여 모형, 패널을 사용해 설명하고 있다.

이곳에서 둘러본 후지와라 궁터는 당시 역사의 흔적을 남기고 그때의 이야기를 생각해 볼 수 있는 좋은 공간이었다. 또한, 당시 거대사원이었던 모토야쿠시지, 다이간다이지 유적을 보면서 흔적만이 남아 있지만 나라시로 이전하여 현재까지 역사를 이어가고 있는 연결된 모습을 찾아볼 수 있는 것은 새로운 의미가 있었다고 생각이 든다. 그리고 『일본서기』에 나오는 구다라오오데라(百濟大寺)를 이어오고 있는 다이간다이지에 대해 앞 장에서 살펴본 나라현 고료죠(広陵町)의 구다라지(百濟寺)와 관련이 있는 구체적인 역사를 알게 된 뜻깊은 산책이었다.

3.
니이자와센츠카新沢千塚 고분군과 역사에 쉬는 가시하라시 박물관歴史に憩う橿原市博物館

나라의 사이다이지(西大寺) 시내에서 긴데쯔(近鉄) 가시하라(橿原)선을 타고 남쪽으로 내려오면 우네비고료마에(畝傍御陵前)역, 가시하라진구마에(橿原神宮前)역에 닿는다. 이 선로의 서쪽으로 야마토 3산의 하나인 우네비야마(畝傍山)가 있고 그 주변으로 역사가 숨 쉬고 있는 천황릉, 고분군, 신사 등 고대 유적지가 즐비하다.

우네비야마(畝傍山) 북동쪽으로는 진무(神武) 천황릉, 스이제이(綏靖) 천황릉, 시조(四条) 고분군 등이 있고, 서남쪽으로는 안레이(安寧) 천황릉, 이도쿠(懿徳) 천황릉, 센가(宣化) 천황릉 등과 역사에 쉬는 가시하라시 박물관(歴史に憩う橿原市博物館), 니이자와센츠카(新沢千塚) 고분군 등이 있다.

니이자와센츠카(新沢千塚) 고분군 안내판

시조 고분군은 인근에 있는 시조 유적에 살던 사람들 중 지위가 높은 사람들의 고분으로 여겨지는 곳이다. 그런데 시조 유적의 집락이 있는 곳에서 다량의 목제품과 스에키(須惠器), 그리고 한반도식의 토기와 옥제품, 동경 등이 출토된 것과 관련하여 한반도와 깊은 관계가 있는 지역으로 알려지고 있는 곳이다.

가시하라진구마에역에서 서쪽 방향으로 20분 정도 걸어가면 수많은 고분들이 모여 있는 니이자와센츠카 고분군이 있다. 니이자와센츠카 고분군은 동서 약 0.7㎞, 남북 약 0.9㎞의 범위에 4세기 말부터 6세기 말까지 약 200여 년의 장기간에 걸쳐 600기 이상의 능묘가 모여 있는 곳이다. 특히 이곳에 있는 박물관의 동쪽 넓은 구릉에 약 350기의 고분이 밀집해 있다.

대부분의 고분은 직경이 10~30m 정도의 원분이고 전방후원분은 약 16기 정도가 있으며 전방후원분은 다른 형태보다 훨씬 크고 고분 시대 후기인 6세기에 주로 축조된 것들이다. 그리고 그 외의 형태로 전방후방분, 방분 등 다양한 형태가 존재하고 있다. 고분에서는 마구, 거울, 칼, 실크로드를 경유해서 온 유리 그릇 등이 출토되어 '지하의 쇼소인(正倉院)'이라고도 불려지고 있는 곳이다.

이 고분군의 특징의 하나는 대륙과 한반도에서 제작되었다고 생각하는 우수한 부장품이 들어 있는 고분들이 발견되면서 이 고분군을 조영한 집단은 한반도와 대륙과 깊은 관계가 있다고 생각하게 된 것이다.

이곳의 8개 고분에서 9개의 갑주가 출토되었는데 이 유물들도 한반도의 것들과 많은 유사점을 보이고 있다. 281호 분에서 나온 스에키 중에 백제 계통과 공통의 특징을 갖는 히라조고쯔보(平底壺: 바닥이 평평한 항아리) 모습의 토기도 포함되어 있어 한반도와의 관련성을 추측하게 된다.

니이자와센츠카의 대명사라고 하는 126호 고분은 동서 약 22m, 남북 약 16m, 높이 약 1.5m의 장방형 고분으로 5세기 후반경에 축조된 것으로 보인다. 유리잔과 접시, 금 은제 장신구, 청동제 다리미, 철 검 등의 부장품이 출토되어 중요 문화재로 관리되고 있다.

이곳은 도래계 집단 가운데 큰 세력을 가지고 있던 오오도모(大伴) 씨, 야마토노아야(東漢) 씨 또는 소가(蘇我) 씨족의 묘로 보는 연구가 많이 있다. 그중에 갑주가 나온 고분은 무장으로 왕권을 호위했던 오오도모 씨와 관련이 깊은 것으로 보고 있다. 고분이 조영되어 있는 남쪽 지역은 숲이 많이 우거져 있고 북쪽의 산등성이는 잘 정비되어 있어 고대의 도래인들을 생각하면서 산책하기에 좋은 곳 같다.

니이자와센츠카 고분 주변의 전방후원분으로 28대 센가(宣化) 천황릉이 있다. 이 고분은 가시하라진구마에역에서 니이자와센츠카 고분군으로 가는 중간에 있으며 길이가 138m의 크기로 이 근처에서 제일 큰 고분이다. 이 고분은 출토된 하니와(埴輪)로부터 고분 시대 후기인 6세기 전반에 축조된 것으로 알려지고 있으며 니이자와센츠카 고분군과 깊은 관계가 있는 것으로 알려지고 있다. 그리고 그 옆에 스진(崇神) 천황의 아들인 야마토히코노미고토(倭彥命)의 묘(墓)가 있는데 이곳은 『일본서기』에 나오는 기록에 순장을 금지하고 하니와를 대신 사용하는 기원이 된 무덤으로 유명한 곳이다.

센가 천황에 대하여는 뒤에서 방문한 아스카의 기토라(キトラ) 고분 인근의 오미아시(於美阿志) 신사와 히노쿠마데라(檜隈寺) 유적에서 볼 수 있다. 히노쿠마데라가 도래계 씨족인 야마토노아야(東漢) 씨의 절로서 추측되는 곳이고 이곳의 경내에 '센가(宣化) 천황 히노쿠마노이오리노노미야(檜隈盧入野宮) 유적지'의 석비가 세워져 있는 것을 볼 수 있다. 센가 천황릉이 있는 지역과 히노쿠마데라(檜隈寺) 유적 지역은 지금은 철길로 나눠져 있지만 고대에는 같은 지역으로 볼 수 있을 것 같다. 그리고 센가 천황은 한반도와 깊은 관계가 있는 인물인 것으로 알려지고 있다.

역사에 쉬는 가시하라시 박물관(歴史に憩う橿原市博物館)은 니이자와센츠카 고분군 옆에 위치하고 있다. 상설전시관은 몇 개의 테마로 구성되어 있는데 '가시하라의 여명'에서는 조몬 시대와 야요이 시대의 주변 유적을 전시하고 있고 '니이자와센츠카와 그의 시대'에서는 고분의 부장품, 형태 등과 니이자와센츠카 고분군에 대하여 상세히 전시하고 있었다. '미야코(京)와의 결별'에서는 후지와라교(藤原京)가 끝나면서 가시하라시는 역사의 무대에서 사라지는 듯하나 미야코와는 다르게 새로운 역사의 땅으로 발전해 가는 모습을 전시하고 있다. '후지와

라교의 세계'에서는 아스카 시대, 일본 최초의 도시 후지와라교 등의 내용을 전시하고 있었다.

특별 전시실에는 니이자와센츠카(新沢千塚) 고분군과 시조(四条) 고분군의 전방후원분을 비교 전시하고 있다. 각 고분군의 대표적인 고분들에서 출토된 유물들을 전시하고 있으며 관련 내용도 상세하게 설명하고 있었다.

역사에 쉬는 가시하라시 박물관(歴史に憩う橿原市博物館)

고분 시대 중기에는 토목 기술, 스에키(須惠器) 생산 기술 등 많은 새로운 기술들이 한반도로부터 전해지고 또한 말 타는 풍습 등 다양한 풍습들도 도래인들을 통해 전해진 것으로 알려지고 있으며 이 박물관의 전시실에 전시된 도래인과 관련된 다음과 같은 내용을 볼 수 있었다.

고분 시대에는 많은 사람들이 한반도에서 일본 열도로 왔다. 도래인이라고 불리는 사람들이다. 제철, 금속기 가공, 토목 공사 등 다양한 분야에서 새로운 기술이 도래인에 의해서 전달되었다. 도질 토기, 한반도식 계통 토기는 도래인들이 가져온 것들이다. 또한 스에키는 도질 토기의 영향을 받아 일본 열도에서 새롭게 만들어진 것으로 경질의 토기이다.

또한 이곳에는 가시하라시에서 발굴된 고분들의 유물들에 대하여도 상세한 설명과 함께 전시하고 있었다. 그중에 한반도와 관련 있는 유적인 신도이세키(新堂遺跡)는 일본 최초의 빗자루가 나온 곳으로 집락의 근처를 흐르는 강으로부터 도래계 토기가 대량으로 발굴된 내용이 소개되고 있었다. 그리고 가시하라시의 남동부로 가구야마(香久山)의 남쪽에 펼쳐진 소구릉에 있는 미나미야마(南山) 고분군에서는 도질 토기, 철정, 철화살, 말 재갈 등의 풍부한 부장품을 전시하며 한반도와 깊은 관계를 생각할 수 있는 유물들이라고 소개하고 있었다.

1987년 니이자와센츠카 고분군 인근의 미나미야마(南山) 고분에서 발굴된 유물과 가야 지역에서 발굴된 것이 아주 유사한 것으로 알려졌다. 김해에서 출토된 것으로 전해지고 있는 기마인물형토기가 이 고분에서 출토된 유물 중에 훼손이 많이 된 기마인물형토기 형태와 함께 나온 소형기대(小型器臺)가 아라 가야의 토기와 같아서 이 기마인물형토기도 함안의 아라 가야 출토 유물이라는 것을 확인하는 계기가 되기도 하였다. 역으로 일본의 유물을 보고 한반도 내의 출토지를 확정할 수 있는 주요한 사실이 되었다고 한다.

긴데쯔 가시하라선을 타고 가시하라진구마에역이나 아스카역에 내려 주로 철길의 동쪽 지역을 많이 답사하지만 이번에 방문한 서쪽 지역은 많은 고분들이 집중되어 있었다. 그곳에서 출토된 많은 유물을 통해 한반도와 한반도에서 도래한 사람들과 깊은 관계를 확인할 수 있는 소중한 답사였다.

3장

아스카무라明日香村의 유적과 도래인 이야기

1. 아스카飛鳥 시대와 한반도와 관련된 많은 이야기와 인물들

아스카(飛鳥) 시대는 아스카 지역이 정치의 중심이었던 시대를 의미하며 『일본서기』에 592년에 도유라노미야(豊浦宮)에서 스이코(推古) 천황이 즉위한 때부터 710년에 헤이죠교(平城京)로 천도하기까지 일부 시기를 제외하고 도성은 아스카, 후지와라(藤原) 지역에 연속적으로 축조된 시기이다. 그 전까지는 천황의 대가 바뀔 때마다 궁전을 옮겼었지만 같은 장소에 되풀이하여 축조하거나 다음 천황이 그대로 궁전으로 사용하였다고 전한다. 현재 아스카무라(明日香村) 오카(岡) 일대에 퍼져 있는 아스카교(飛鳥京) 유적으로 불리는 곳이 그 후보지이다. 아스카교 유적에서는 7세기 전반부터 후반까지의 많은 유구가 발굴되고 있다.

아스카(飛鳥) 주변 안내도

4, 5세기 이래 일본의 정치는 오오기미(大王: 천황)가와 함께 가나이(河内), 야마토(大和)의 대호족들이 활약했다. 그중에서도 대표적인 인물로 6세기 중반부터 세력을 키운 소가(蘇我) 씨는 587년 모노노베(物部) 씨를 타도하고 실권을 잡는다. 그들의 본거지인 아스카를 정치, 문화의 중심지로 한 것이 아스카 시대의 시작이다.

소가 씨는 진구(神功) 황후 때 주로 활약했던 다케노우치노스구네(武内宿禰)를 선조로 하는 호족으로 6세기에 본격적으로 정치의 무대에 등장한다. 소가노우마코(蘇我馬子)가 대립하던 모노노베 씨를 타도한 이후 소가노에미시(蘇我蝦夷), 소가노이루카(蘇我入鹿) 삼대에 걸쳐서 권력을 독점했다. 소가노우마코(蘇我馬子)의 고조부의 이름이 만치(満智)인데 『삼국사기』에 목협만치(木劦満致), 『일본서기』에 목만치(木満致)의 이름으로 백제에서 온 인물로 알려지고 있고 증조부의 이름이 가라고(韓子)이고 조부의 이름이 고마(高麗)라서 한반도와 밀접한 관계가 있는 호족으로 보여진다.

아스카 지역은 소가 씨의 본거지[현재의 가시하라시 소가(曾我)정 부근]와도 가깝고 일찍부터 이 세력권하에 있었다. 588년에 일본에서 가장 오래된 본격적인 사원인 아스카데라(飛鳥寺)가 소가 씨의 씨사로서 조영되고 592년 소가노우마코(蘇我馬子)의 조카인 스이코(推古) 천황이 도유라노미야(豊浦宮)에서 즉위한 후에는 아스카와 그 인접 지역에는 천황의 궁전이 위치하게 되는 등 소가 씨의 영향이 크게 미친 것으로 보인다.

『일본서기』, 『간고지(元興寺) 가람 연기』에 의하면 588년 아스카데라의 조영에 있어서는 백제로부터 불사리(佛舍利)를 가져온 승려와 함께 사원 건축의 공인(寺工), 와(瓦) 박사, 화공 등의 기술자가 백제로부터 왔다고 한다. 소가 씨의 씨사 조영에 백제와의 깊은 관계를 보여 주고 있다.

소가 씨는 한반도의 3국과 그곳으로부터 도래한 집단과도 긴밀한 관계를 갖고 불교를 축으로 새로운 기술과 문화를 도입하는 것과 함께 천황 가와 혼인 관계를 맺어 권력의 절정에 이르렀으나 645년 잇시노헨(乙巳の変)에 의해 소가 씨 본 종가는 멸망하게 된다.

아스카 지역과 그 주변에서 소가 씨에 관한 많은 유적을 볼 수 있다. 대표적인 것을 보면 아스카데라, 도유라데라(豊浦寺), 야마타데라(山田寺) 등의 사원, 소가노우마코의 묘로 알려진 이시부타이(石舞臺) 고분과 『일본서기』에 보이는 소가노이나메의 오하리다(小墾田)의 집, 무구하라(向原)의 집, 가루노마가리도노(輕の曲殿), 소가노우마코의 이시가와(石川)의 집, 쯔기구마(槻曲)의 집, 시마(嶋)의 집, 소가노에미시, 소가노이루카(蘇我入鹿)의 도유라(豊浦)의 집, 우네비(畝傍)의 집, 오마가시노오카(甘檮岡)의 집 등 소가 씨의 저택과 관련되는 곳이 많다. 그

밖에 히노쿠마데라(檜隈寺) 주변은 소가 씨와 관련이 깊은 도래계 씨족 야마토노아야(東漢) 씨의 본거지 유적으로 추정되고 있다. 위의 내용 등으로 아스카는 소가 씨의 근거지였다는 것을 실감할 수 있다.

아스카에 천황의 궁이 보이지 않는 6세기 말부터 7세기에는 수, 당나라가 한반도에 미친 강력한 영향, 일본에서의 견수사 및 견당사 파견 등의 정세, 일본의 백제 구원군 출병으로 나·당 연합군과의 교전과 백촌강(白村江)에서의 참패와 같은 일이 있었다. 이런 상황들은 대호족 지배의 체제를 끝내고 중국의 제도를 받아들여 국가로서의 체제를 만드는 계기가 된다. 그중에 아스카는 645년 다이가노가이신(大化改新), 672년 진신(壬申)의 난 등으로 새로운 변화를 맞이한다.

지토(持統) 천황은 694년에 일본 최초의 중국식 도성인 후지와라교(藤原京)로 천도하면서 아스카 시대도 끝나가고 있었다. 후지와라교는 궁 주변이 처음으로 바둑판 모양으로 거리를 구획한 조방(条坊)이 설치되었는데 동서 10방(약 5.3㎞), 남북 10조(약 5.3㎞) 정도의 규모였다. 후지와라교에서 3대 16년이 지난 후 710년에는 동서 약 5.9㎞, 남북 4.9㎞의 규모이며 주작대로가 있는 헤이죠교(平城京)로 천도한다.

아스카는 일본 전통 문화와 유적이 남아 있고 옛 풍경을 간직하고 있는 곳이면서 역사가 시작된 곳이다. 그래서 그런지 몰라도 일본인들은 전국에서 꾸준히 이곳을 찾는다. 고대의 낭만을 지닌 곳 혹은 마음의 고향이라고 여기는 듯하다.

710년에서 784년까지 헤이죠교에서 지속된 나라 시대에도 많은 사원이 건립된다. 국가가 주체가 되어 조영한 관사(官寺)와 귀족들이 주체가 된 사사(私寺)가 만들어지는 등 헤이죠교 내에 대규모 가람과 호화로운 탑을 갖춘 사원이 조영된다. 특히, 쇼무 천황의 발원으로 조영된 도다이지(東大寺)는 가람과 탑 등이 최대 규모이면서 지금도 많은 유물이 계속 출토되고 나라를 방문하는 대부분의 방문객들이 찾는 곳으로도 유명한 곳이다.

아스카 지역에 가면 아스카 시대에 일본을 대표하는 5명의 여성이 정치, 종교, 문학 등에 많은 활약을 하였고 이를 일본에서 자랑스럽게 생각한다는 내용을 소개하고 있다. 그런데 그 여성들 대부분이 한반도와의 관계된 이야기를 간직하고 있다는 것 또한 놀라운 일이다.

첫째로 522년 일본에 도래한 시바닷도(司馬達等)의 딸인 젠신니(善信尼)라는 비구니는 일본에서 최초로 출가한 후 백제로 유학하여 아스카의 도유라데라(豊浦寺)에서 일본 불교 발전에 기여한 것으로 알려지고 있다. 부여의 부소산 북쪽 기슭 백마강가의 고란사에 가면 법당 뒤편에 그려진 벽화 중에 하나가 젠신니의 백제 유학에 관한 그림이 있다. 배가 고란사로 다가오는 그림인데 "588년 백제 위덕왕 때에 시마메, 도요메, 이시메라는 일본 소녀가 현해탄을 건너 고란사로 유학 왔다."는 설명이 적혀 있다. 위와 관련된 내용으로 『일본서기』에 젠신니(善信尼), 젠조니(禅藏尼), 에젠니(惠善尼) 3명의 비구니가 백제에 유학하여 3년 후 귀국했다는 내용이 있다. 그리고 고란사의 벽화는 『일본서기』의 기록을 기초로 1970년대에 그린 것으로 알려지고 있다.

둘째는 중국에 견수사를 파견하여 일본을 세계에 알린 역할로 유명한 스이코(推古) 천황이다. 『일본서기』에는 이때 고구려, 백제, 신라, 임나 등의 한반도의 고대 국가로부터 승려, 사신, 왕자 등이 도일했다는 기록 등이 있다. 한반도 관련된 기록이 수없이 나오는 시기이다.

셋째는 사이메이[齊明, 고교쿠(皇極)] 천황이다. 일본이라는 나라의 큰 변화가 있었던 646년 '다이가노가이신(大化の改新)' 이후 한반도의

삼국통일 시기에 백제에 대규모 구원군을 파견하는 등 백제와 긴밀한 관계를 가진 천황이다.

넷째로 누가타노오오키미(額田王)는 궁중에서 일하면서 천황의 마음을 잘 알고 풍부한 언어로 시가를 지어 『만요슈』에 많이 등장하는 여류 시인이다. 고대어로 된 『만요슈』 안의 시가들이 고대 일본어로 해석이 잘 안 되지만 한국어로는 해석이 되는 경우가 있는 것 등으로 많은 연구가 필요한 영역에 연관 있는 인물이다.

다섯째로 지토(持統) 천황은 후지와라교로 천도하여 일본의 기반을 구축한 왕으로 남편인 덴무(天武), 후계자인 몬무(文武) 천황과 한반도의 관계가 추론되는 이야기를 남기고 있다.

아스카 시대에 남긴 수많은 유적과 유물, 그리고 관련된 인물들을 통해서 한반도와의 다양한 형태의 관련성을 알 수 있다. 그리고 일본의 아스카 시대는 알면 알수록 깊이 있는 한반도 관계를 추론해 볼 수 있는 좋은 자료가 된다고 생각한다.

2. 아스카飛鳥촌 매장 문화재 전시실, 아스카飛鳥 자료관, 야마다데라山田寺 유적

아스카(飛鳥)촌 매장 문화재 전시실은 국영 아스카 역사공원 아마가시노오카(甘樫丘) 지구 옆을 흐르는 아스카가와(飛鳥川)에 있는 조그만 다리를 건너면 바로 방문할 수 있다. 이곳은 규모는 작지만 이 지역에서 발굴된 여러 유물에 대하여 상세한 설명과 함께 전시해 놓은 것을 볼 수 있다.

이곳에는 아스카, 나라 시대에 천황, 귀족, 하급 관인, 연안 경비하는 병사[사기모리(防人)] 등 여러 신분의 사람들이 읊은 와가(和歌)를 4,500수 이상 모아 놓은 『만요슈』 안의 내용 중에서 목간에 쓰여진 채로 발굴된 문장을 해석과 함께 전시하고 있어서 『만요슈』를 이해하는데 도움이 되었다.

아스카(飛鳥)촌 매장 문화재 전시실

720년 편찬된 『일본서기』의 사본을 전시하고 있었고 그 안의 내용을 볼 수 있게 책을 펼쳐서 전시하고 있는데 그 펼쳐진 부분에 고구려, 백제, 신라에 관한 많은 내용이 들어 있는 것을 볼 수 있었다. 이 책은 왜곡되었다고 평가되는 부분도 있으나 고대 한반도의 고구려, 백제, 신라와 가야 등에 대한 풍부한 내용이 들어 있어 우리의 고대사를 이해하는 데 많은 도움을 주는 역사서이다.

사라라노미치(さららの道)라고도 불리는 지토(持統) 천황 행행(行幸)의 도로를 지도로 표시하여 알려 주고 있었다. 후지와라(藤原)궁에서 아스카가와(飛鳥川)를 건너 요시노(吉野)궁까지 이어지는 약 30㎞ 고대의 길로 남편인 덴무(天武) 천황과 관련이 있는 길이다.

아스카의 벽화 고분으로 소개하고 있는 기토라 고분과 다카마츠츠카(高松塚) 고분이 있었고 다카마츠츠카 고분의 석관과 벽화 등은 모형으로 전시하고 있었다. 그 모습이 고구려 고분 벽화와 아주 유사한 모양이라는 것을 확인할 수 있었다. 팔각분 형태인 아스카의 대왕 묘에 대하여도 소개하고 있다.

그리고 도래계 씨족의 묘로 3개를 소개하고 있었다. 마유미간스츠카(真弓鑵子塚) 고분은 직경이 약 40m의 원분으로 횡혈식 석실 구조의 매장 시설에 동물 모양 금 장식구, 은 상감 칼, 마구 등이 발굴되었으며 소가노우마고(蘇我馬子)의 무덤으로 알려져 있는 이시부타이(石舞臺) 고분을 능가하는 규모로 피장자로 알려진 도래계 야마토노아야(東漢) 씨의 세력을 알 수 있는 곳이다.

나라 문화재 연구소 아스카(飛鳥) 자료관 입구

아베산(阿部山) 유적군의 가이와라 1, 2호 분은 한 변이 약 10m의 방형으로 횡혈식 석실 구조의 매장 시설에 하지키, 스에키, 마구, 은제품, 동제품, 철제품 등이 발굴되었으며 히노쿠마(檜隈) 분지에 인접한 장소에 도래계 요소가 많은 유물이 출토되어 히노쿠마 분지에 씨사를 조영했던 야마토노아야 씨의 무덤으로 추정되는 곳이다.

가쯔야마 고분은 한 변이 약 23m의 방형으로 횡혈식 석실에 하지키, 흑색 토기, 철제품 등이 발굴되었으며 7세기에 걸쳐서 조영된 고분군으로 도래계로 알려지고 있는 곳이다.

그리고 이곳에는 아스카에서 발굴된 석조물들의 복제품과 아스카의 궁에서 관리하는 사찰인 가와라데라(川原寺), 아스카데라(飛鳥寺) 등의 발굴 유물과 복원 모형 등을 전시하고 있었고 도유라(豊浦)궁에서 후지와라(藤原)궁으로 천도, 일본국의 탄생, 대왕에서 천황으로 변화 등에 대한 설명과 그 당시의 주요한 역사적인 사실들을 상세히 안내하고 있었다.

아스카(飛鳥)촌 매장 문화재 전시실에서 동북쪽의 사쿠라이(桜井)시 방향으로 큰길을 따라가면 나라 문화재 연구소 아스카(飛鳥) 자료관이 나온다. 이곳은 아스카 시대와 아스카 지방의 역사와 문화를 알기 쉽게 해설하고 있는 자료관이다. 아스카쿄(飛鳥京) 전경 복원 모형, 다카마츠츠카(高松塚) 고분, 야마타데라(山田寺) 동회랑(東回廊)의 출토품 등을 전시하고 있었다.

자료관 건물로 들어가는 길목의 양쪽 정원에는 아스카 지역의 특이한 석상들인 가메이시(亀石), 사루이시(猿石), 세키진조(石人像), 수미센세키(須弥山石), 사카후네이시(酒船石) 등이 전시되어 있다.

이 중에 '수미센세키(須弥山石)'에 대한 안내문에 백제와 관련이 있는 내용을 소개한다.

> 최초의 수미센세키는 스이코(推古) 천황 시대에 백제로부터 온 기술자의 손으로 만들었다고 『일본서기』에 기록되어 있다. 관내에 놓여 있는 수미센세키는 아스카촌의 석신으로서 메이지 시대에 발굴된 것으로 사이메이(齊明) 천황의 궁에서 사용하였던 것이다. 불교 세계의 중심에 있는 고산을 상상한

것이라고 알려진 이 석상은 숨겨진 도관에 의해서 외부에서 물이 들어가고 그것을 사방으로 분수같이 뿌리고 있다. 분수의 세기를 조절하는 등 기능이 아주 정교하게 만들어져 있다.

그 옆의 '우다게(宴)의 유적'이라는 안내판에 있는 좀 더 구체적인 백제 관련 내용도 소개한다.

수미산(須弥山)의 기록은 스이코(推古) 천황 20년 612년 구다라(百濟) 사람 미치고노다구미(路子工)가 아스카오하리다노미야(飛鳥小墾田宮)에서 석교와 수미산이 있는 정원을 만들기 시작했다. 사람이 조경하는 산의 모습은 대륙으로부터 전해진 특별한 장식품이다.

이곳의 제 1전시실은 아스카 역사와 문화에 대해서 고고 자료, 미술 자료, 사진 패널 등으로 해설하고 있었다. 도서 열람실이 있어서 각종 고대사와 관련된 도서도 찾아볼 수 있었다. 제 2전시실은 1982년 발굴 조사에서 야마타데라(山田寺) 동회랑(東回廊)이 넘어진 상태로 땅 속에서 그대로 발견된 것을 가장 좋은 상태로 보존 처리하여 당시의 건축 구조와 규모를 알 수 있는 수준으로 재현하여 전시하고 있었다.

야마타데라 유적에서 발굴된 동회랑은 7세기 전반에 건립되어 세계에서 가장 오래된 목조 건축인 호류지(法隆寺) 서원 가람보다도 더 오래된 것이고 함께 발견된 금속 제품, 기와, 초석, 목간 등의 다양한 출토품은 7세기의 불교 문화와 고대 사원의 모습을 전하는 가치가 높은 자료들이다.

또한 이곳에서는 '아스카의 공방(工房), 한일의 교류'라는 주제로 2018년 추계 특별전을 개최하고 있었다. 아스카데라의 동남쪽에 있는 아스카 호수 밑바닥에서 아스카 시대 공방 유적이 대거 발견되어 전례가 없는 종합 공방 유적으로 알려지게 되었다. 출토되었던 8,000여 점의 목간으로부터 아스카 호수 공방 유적이 궁정과 고대 국가의 물건을 지원하는 거대 공방이었다는 것을 알게 되는 계기가 되었다. 그리고 아스카와 백제에 있어서 유리 생산 기술, 금은 가공 기술, 동제품의 주조 기술 등의 유사성과 친근성으로 한일의 문화, 기술 교류 역사를 알 수 있는 전시회였다.

'유리로 본 한일의 기술 교류'라고 전시·안내하는 내용에는 다음과 같은 언급이 있었다.

일본에서는 오랫동안 유리를 제조하지 않았다. 수입품의 이용과 그 재가공에 머물러 있었다. 석영이나 납을 원료로 한 납유리 생산은 아스카 시대에 백제로부터 기술 도입에 의해서 시작이 가능해졌다. 아스카 호수 공방에는 백제와 아주 비슷한 도가니를 사용하고 있다. 그리고 감색 유리는 일본에서 제조되지 않고 있었다. 수입했던 유리를 소재로 해서 주형에서 유리옥으로 재가공했다. 도가니와 주형은 한반도에 일본보다 오래된 시기부터 유래가 있고 아스카 호수 공방의 유리 제작 기술의 원류를 확실히 보여 주고 있다.

'백제의 유리 공방'이라는 제목으로 안내하는 내용도 소개한다.

최근, 한국에서도 발굴 조사가 진전되어 왕궁리 유적과 미륵사지 등에서 고대 공방 유적의 조사 사례가 증가해 왔다. 그들의 성과와 아스카 호수 공방 유적을 비교하는 것으로 일본으로의 기술의 전파와 발전, 변천을 알 수 있는 실마리를 찾을 수 있다.

전북 익산의 왕궁리 유적은 백제 무왕의 시대(600~641년)에 조성된 궁성의 유적이다. 각종 유리와 금속을 녹였던 유물들이 다량 출토되었다. 유리 제품, 금제품, 동·청동 제품을 생산했던 백제 왕궁 부속 공방의 실태가 알려지게 되었다.

익산의 미륵사지는 7세기 초에 백제 무왕에 의해 건립되었던 거대 사원이다. 다량의 유리 파편, 덮개, 모루 등이 발견되어 사원 내에 유리 제품과 금속 제품을 공급하는 공방이 있었던 것이 알려지게 되었다. 또한, 서쪽 탑의 해체 수리에서 발견되었던 사리 장엄구에는 녹색의 판유리와 다수의 유리옥이 포함되어 있었다.

우리가 알고 있는 내용보다도 더 상세하게 일본의 유물 전시 자료관에서 백제와 관련된 구체적인 내용을 알려 주고 있는 것을 알게 되면서 놀랄 만한 고대 백제의 문화, 높은 수준의 백제 기술을 다시 한 번 느끼는 소중한 시간이었다.

나라 문화재 연구소 아스카(飛鳥) 자료관에서 동쪽으로 약 300m 정도 가면 야마타데라(山田寺) 유적터가 있다. 야마타데라는 소가노이루카(蘇我入鹿)의 사촌인 소가노구라야마다노이시가와마로(蘇我倉山田石川麻呂)가 조메이(舒明) 천황 13년 641년에 창건한 사원이었다. 이시가와마로는 이루카 살해의 쿠데타에 동참하여 우대신에 임명되었으나 649년 반란의 의심을 받아 이 절에서 자살한다. 그러나 그 후에 그에 대한 의혹이 풀리고 황실의 지원으로 절의 조영이 계속되어 7세기 후반에 완성되었으며 그 이후 번창했던 사원이었다.

이 절의 불상으로 있었던 약사여래상의 청동 불두(佛頭)가 현재는 나라시의 도다이지(東大寺) 건너편에 있는 고후쿠지(興福寺)에 국보로 보존되어 있다. 고후쿠지로 이전되어 온 이후 화재로 불상은 없어지고 불두만 남아 있는데 그 모습도 한쪽 귀가 없는 모습이다. 그런데 그 불완전하고 비대칭인 불상의 얼굴이 오히려 더 깊이 있는 아름다움을 가지고 있기에 그 가치가 높이 평가되고 있는 유물이다.

발굴 조사에서 중문, 탑, 금당, 강당이 남쪽에서 북쪽으로 구성된 모습이고 회랑이 탑, 금당을 감싸고 있는 가람 배치가 명확하게 나타났다. 그리고 동 회랑의 건물이 땅에 그대로 매몰된 상태로 남아 있어서 고대 건축의 귀중한 자료가 되었다.

아스카·나라 지역은 어느 지역에서 알게 된 유물, 유적이 또 다른 지역에 가면 연관된 더 깊은 내용을 알게 되는 묘한 매력이 있는 곳이다. 규모가 크고 작음에 관계없이 이 지역을 걷다가 마주치는 곳의 이야기를 살피면 한일 고대사와 일본 역사에 대한 지식의 폭은 아주 넓어지는 기분이 든다.

3.
아스카니이마스飛鳥座 신사,
아스카데라飛鳥寺

야마타데라 유적터에서 서쪽으로 길을 따라 내려오다 보면 아스카데라로 가는 방향에 아스카니이마스(飛鳥座) 신사가 보인다. 한적한 시골 마을 안의 조그마한 동산 위에 고즈넉한 모습으로 있는 것을 볼 수 있다.

아스카니이마스 신사는 창건 기록이 정확하지는 않다. 다만 『선대구사본기(先代旧事本紀)』에는 "이 신사의 제신인 야에고토시로누시노가미(八重事代主神)는 오오쿠니누시노가미(大国主神)의 첫째 아들로 국가를 양도할 때 아버지 신의 뜻에 따라 아마테라스 오오가미(天照大神)에게 국가를 넘겨주고 그 후에 신들의 우두머리가 되어 80만 신들을 통솔해 다카시(高市: 아스카)에 모여 이 신사에 자리 잡았다. 또한 오오나무치노가미(大己貴神)(大国主神)는 다가쯔히메가미(高津姫神)와 결혼하여 1남 1녀를 낳았는데 그 아들 신인 고토시로누시노가미(事代主神)가 아스카샤(飛鳥社)에 모셔져 있다."고 기록되어 있다.

아스카니이마스(飛鳥座) 신사

그리고 고토시로누시노가미의 여동생 신인 아스카노간나비미히메노가미[飛鳥神奈備三日女神=가야나루미노가미(賀夜奈留美神)], 오오모노누시노가미(大物主神), 다카미무스비노가미(高皇産靈神)도 제신으로 있다.

이 신사와 관련된 씨족은 명확하지 않으나 이 신사가 창건 때부터 계속 지켜왔던 씨족은 아스카(飛鳥) 씨로 지금까지 내려오고 있다. 스진(崇神) 천황 대에 오오미와노아손아스카노아타이(大神臣飛鳥直)로 씨성을 하사받아 현재 아스카(飛鳥) 씨로 남아 있다. 초대는 고토시로누시노가미(事代主神)로부터 세어서 7대에 해당한다고 『신찬성씨록(新撰姓氏錄)』에 기록되어 있고 현재의 궁사가 87대째라고 한다.

아스카니이마스 신사의 제신 중에 오오모노누시노가미는 자손을 많이 가진 신으로 알려져 경내로 올라가는 계단을 지나면 남근석 같은 모양의 많은 자연석들이 금줄이 둘러진 채 여기저기에 있는 것을 볼 수 있다.

오오모노누시노가미의 흔적은 경상도의 동해 건너편 시마네(島根)현 지역에 많이 남아 있으며 신라와 깊은 관련이 있는 신으로 알려지고 있다. 뒤에서 방문하는 일본에서 가장 오래된 길인 야마노베노미치(山の辺の道) 연변의 미와산(三輪山)에 있는 오오미와(大神) 신사의 제신도 오오모노누시노가미인데 좀 더 구체적인 내용은 뒤에서 살펴본다.

아스카데라(飛鳥寺)

아스카데라(飛鳥寺)는 아스카니이마스 신사에서 아마가시노오카(甘樫丘) 방향으로 10분 정도 걸어 나오면 이 산을 바라보는 들판에 있다.

아스카데라는 588년 소가노우마코(蘇我馬子)의 발원으로 596년에 창건된 일본 최초의 본격적인 사원이다. 절 이름은 호고지(法興寺), 간고지(元興寺), 아스카데라(飛鳥寺)라고도 불려졌고 현재는 안교인(安居院)으로 불린다.

1956년에 발굴 조사 시 밝혀진바, 이 절은 창건 당시 탑을 중심으로 동서쪽과 북쪽에 각각 금당을 배치한 일본 최초의 본격적 사원으로 바깥쪽으로는 회랑이 둘러져 있었으며 강당도 있는 거대한 가람이었다.

본존 아스카 대불인 석가여래좌상은 609년 천황의 명으로 구라쓰구리노도리(鞍作鳥) 불사(仏師)가 만든 일본에서 가장 오래된 불상이다. 옛 가람은 화재로 소실되어 폐허 상태인 것이 1826년에 재건되어 오늘에 이르렀다.

이 절은 탑을 중심으로 북과 동서에 3개의 금당이 있었다. 현재의 금당은 북쪽의 중금당에 해당하고 구라쓰구리노도리 불사가 만든 본존 아스카 대불의 일부가 1,400여 년 전의 모습을 간직한 채로 남아 있다 발굴되어 현재 금당에 모셔져 있다. 이 절은 헤이안 시대까지는 번창했으나 그 후 자연재해 등으로 경내는 1/20로 축소되었다고 전해진다.

이 절과 관련은 없으나 절 앞에서 일어난 특이한 이야기가 전해지고 있다. 『일본서기』 고교쿠(皇極) 천황 3년 조에 게마리(蹴鞠: 공차기 놀이)에 대한 기록이 전해지고 있는데 이 절의 서쪽에 '아스카의 히노키 무대(느티나무의 광장)'가 있었다고 한다. 이곳에서 고대 일본의 새로운 변화를 주도한 역사적인 두 인물 나가노오에(中大兄) 황자와 후지와라노가마타리(藤原鎌足)가 게마리에서 만나 서로 친하게 되고 그 후 의기투합하게 되어 645년에 다이가노가이신(大化改新)을 완수한다.

『삼국유사』에 보면 삼국통일에 크게 기여한 김유신과 김춘추가 김유신의 집 근처에서 화랑들과 함께 축국을 하다 김춘추의 옷이 찢어진 이야기가 나온다. 김춘추는 김유신의 집에 가서 김유신의 여동생인 문희한테 옷을 수선해 달라고 부탁하게 되었고 그렇게 처음 만난 두 사람은 결국 결혼까지 하게 된다. 김유신과 김춘추가 의기투합하게 되는 것을 우리는 역사 이야기를 통해서 잘 알고 있다. 이 축국이 한반도에서 민족의 역사를 바꾸는 삼국통일의 계기가 되는 것처럼, 일본에서도 일본 역사에 큰 획을 긋는 대사건의 단초가 되는 이야기가 비슷한 시기에 한·일 양국간의 역사서에 기록되어 있으니 이것도 특이하다 하겠다.

『일본서기』 스이코(推古) 천황 원년 593년 "사리를 심초에 넣고 그 위에 심주를 건립하여 596년 탑이 완성되었다."는 기록이 있고 그 후 낙뢰 화재 등으로 황폐화되었으나 최근의 발굴 조사에서 아스카데라의 탑 지하에 있었던 심초석에 사리와 함께 많은 물품이 출토되었다. 이것들은 고분 시대 후기 고분의 부장품과 공통점이 있다. 또 2009년 발굴 조사에서는 백제왕의 칙원절인 왕흥사의 탑 심초석의 매장품과도 아주 유사해서 백제로부터의 영향이 있었던 것으로 보고 있다.

아스카데라의 지붕을 덮었던 일본에서 가장 오래된 기와[가와라(瓦)]는 백제로부터 왔던 와(瓦) 박사의 지도로 조영되었고 기와의 문양은 고대 백제의 것과 아주 닮은 구성으로 아스카 시대에 많이 사용된 것으로 보인다. 아스카데라의 기와는 헤이죠교 천도와 함께해서 일부가 현재 나라시에 있는 간고지(元興寺)에 이축되었다. 지금도 나라시의 간고지의 극락방과 승방의 지붕에 다른 건축물과 다른 기와가 이어져 있는 것을 볼 수 있다.

경내 조그마한 안내판에 마음에 와닿는 내용이 있어 소개한다.

마가미노하라(真神原: 나라현 다카시군 아스카촌의 아스카데라 주변 일대)의 전망

시야를 멀리하고 이곳에 서서 보는 풍경은 고대 한반도의 신라의 고도 경주, 백제의 고도 부여의 땅과 흡사하다. 대륙풍으로 아스카 지방에서 제일이고, 일본 문화의 고향인 고도 아스카의 이 풍경에는 고대 백제와 신라 사람들의 망향의 마음을 누를 길이 없다.

아스카데라를 가로질러 서쪽으로 나가면 약 80m 앞에 소가노이루카노구비츠카(蘇我入鹿首塚)로 알려진 조그마한 탑 형태의 묘로 있다. 잇시노헨[乙巳の変(大化改新)]으로 아스카이타부키노미야(飛鳥板蓋宮)에서 중대형 황자 등에게 암살당할 때 소가노이루카의 머리가 잘려 이곳까지 날아와서 이를 공양하기 위해 이곳에 묻었다는 것이다.

논 옆에 소박한 모습으로 놓여 있는 무덤에는 누군가가 헌화한 꽃도 있었고 저자가 방문했을 때는 나이 지긋한 노년의 남자가 무릎을 끓고 기도하는 경건한 모습을 볼 수 있었다. 왜 그 사람은 1,400여 년 전에 목이 베인 역사적 인물 앞에서 예를 표할까?

『일본서기』에는 스이코(推古) 천황 32년 624년에는 절이 46개나 있었다고 기록되어 있다. 이들 절이 어느 정도의 규모인지는 알 수 없으나 불교의 급속한 확장을 읽을 수 있는 것이다. 그 후 천황과 호족에 의해서 본격적인 사원이 다수 조영된 것으로 보인다. 덴무(天武) 천황 9년 680년에는 금광명경(金光明經)의 강설을 수도 내의 24개 절에서 하고 있었다고 한다.

소가노이루카노구비츠카(蘇我入鹿首塚)

아스카의 사원에는 여러 가지의 가람 배치가 보인다. 금당, 탑의 수와 배치, 좌우 비대칭의 가람, 회랑으로 둘러친 공간과 강당의 위치 관계 등 몇 가지의 변화가 있다. 한반도의 사원과 공통되는 요소가 많은 것으로 알려지고 있어 영향을 받은 것으로 인식하고 있다.

일본의 시텐노지(四天王寺), 야마다데라(山田寺) 등의 금당 앞에 탑이 한 개가 있는 가람 배치는 백제의 왕흥사, 정림사 등에서 볼 수 있고 금당 앞에 동, 서로 탑이 두 개 있는 모토야쿠시지(本藥師寺) 등의 가람 배치는 신라의 감은사 등에서 볼 수 있는 등 다양한 가람 배치에서 한반도와의 유사성이 눈에 많이 띈다.

아스카데라의 특이한 1탑 3금당 양식은 일제 강점기에 발굴한 고구려 청암리 유적에서 볼 수 있는 가람 배치이다.

아스카 궁터[飛鳥宮跡, 아스카이타부키노미야아토(飛鳥板蓋宮跡)]는 7세기 후반의 고교쿠(皇極) 천황의 궁전이다. 잇시노헨[乙巳の変(大化改新)] 때 소가노이루카가 중대형 황자 등에게 암살당할 때의 현장이다. 이곳과 소가노이루카노구비츠카(蘇我入鹿首塚)까지는 거리상으로는 아주 가까운 곳은 아닌데 위에서 설명한 이야기는 다소 의외이다. 소가노이루카의 죽음과 관련 있는 두 곳을 연결 지으려고 만들어진 이야기인 것으로 보인다. 이곳에는 복수의 궁전 유구가 중복되어 있으며 현재 복원되어 있는 것을 볼 수 있다.

아스카데라를 중심으로 주변에 있는 아스카촌 매장 문화재 전시실, 아스카 자료관, 야마타데라, 아스카니이마스 신사 등에서 수많은 한반도 관련 내용을 확인하면서 아스카 방문 시에 아무리 기간을 짧게 잡아도 이 지역은 꼭 들러 본다면 고대 한반도 도래인들의 흔적을 조금이라도 느껴 볼 수 있을 것으로 생각이 든다.

4. 가메가타세키조우부쯔 龜形石造物, 사카후네이시 酒船石, 만요 万葉 문화관

아스카 지역을 걷다 보면 특이한 모습의 석조물들을 여기저기서 많이 볼 수 있다. 그중에 가메가타세키조우부쯔(龜形石造物), 사카후네이시(酒船石)가 같은 지역에 모여 있는 곳을 간다. 그리고 바로 그 앞에 있는 만요(万葉) 문화관도 방문하여 『만요슈(万葉集)』와 관련된 내용도 좀 더 구체적으로 알아본다. 이곳은 아스카데라(飛鳥寺)에서 동쪽으로 조금 가면 같은 지역에 모여 있다.

가메가타세키조우부쯔(龜形石造物)

가메가타세키조우부쯔가 있는 곳으로 들어가는 길에는 2019년 4월에 퇴위한 천황 부부가 방문한 표시석이 있었다. 천황이 거주하고 있는 도쿄와는 아주 먼 거리에 있는 아스카를 특별히 방문한 것이고 여러 유적지 중에서도 이곳에 관심을 갖고 방문한 것이다. 한·일간의 관계에 대하여 많은 관심을 가지고 있는 천황의 방문은 또 다른 의미로 다가온다.

이곳은 『일본서기』 사이메이(齊明) 천황 2년 조에 "궁의 동쪽 산의 돌을 쌓아 담을 만들었다."라는 기록에 해당하는 유적으로 보고 있다. 2m 정도 크기의 거북 자세를 한 석조물과 그 위에 있는 수조에 물이 흐르면서 소량의 물이 거북이의 코로 들어가는 모양으로 되어 있다.

2019년 초에는 오사카의 시텐노지(四天王寺)에서도 거의 같은 모습의 거북 모양의 석조물과 수조의 유물이 발견되어 이곳과의 연관성을 추측하는 기사들이 나온 것을 본 적이 있다. 아스카의 가메가타세키조우부쯔는 2000년에 출토되었고 사이메이 천황대에 만들어진 것으로 추정됨을 알 수 있다. 그리고 645년 잇시노헨(乙巳の変) 후에 645년부터 654년까지 사이메이 천황의 뒤를 이어 재위한 고토쿠(孝德) 천황은 나니와교(難波京: 현재의 오사카)로 천도한다. 그리고 그곳의 남쪽에 있는 시텐노지를 중시하여 그곳에서 아스카에 있는 같은 석조물을 설치하고 비슷한 기능을 한 것으로 추측되고 있다.

이 석조물을 옆으로 보면서 뒷산을 걸어 올라가면 산 중턱쯤에 사카후네이시(酒船石)라는 특이한 바위가 있다. 이 지역은 천황이 뭔가 제사를 지냈던 곳으로 추정되고 있는 곳이다.

사카후네이시(酒船石)

사카후네이시(酒船石)는 아스카를 대표하면서도 관련된 의혹이 많은 석조물이다. 현재 상태는 길이가 5.5m, 폭 2.3m, 두께 약 1m의 화강암으로 만들어져 있다. 평평하게 가공한 표면에는 크고 작은 구멍이 파여 있고 구멍 사이가 고랑으로 연결되어 있어 술을 제조할 때 사용하였다고 전해지기도 하고 기름이나 약을 만들기 위한 도구라고도 알려지고 있다. 그러나 이 유적의 동쪽 40m의 약간 높은 곳에서 이곳에 물을 끌기 위한 유물이 발견된 것으로 봐서 정원 시설이라는 설도 있다.

신라의 포석정과 비슷한 구조로 보는 경우도 있어 기능도 비슷했던 것으로 추정하기도 한다. 포석정은 이곳에 술잔을 띄워 놓고 연회를 하던 장소로 생각되었으나 『화랑세기』에 포석정을 포석사로 표시하고 있고 주변에서 제사에 사용되는 제기류가 출토됨에 따라 포석정이 연회를 즐기는 곳이 아니라 제사를 행했던 곳으로 알려지기도 한다.

사카후네이시가 있는 곳을 내려와 반대편 언덕에 있는 나라 현립 만요(万葉) 문화관으로 간다. 이곳 옆에는 앞 장에서 찾은 나라 문화재 연구소 아스카(飛鳥) 자료관에서 '아스카의 공방(工房), 한일의 교류'라는 주제로 2018년 추계 특별전에서 전시하고 있는 아스카 시대 공방 유적이 확인되고 수천여 점의 유물이 발굴된 아스카 호수 공방(飛鳥池工房) 유적이 있는 것을 볼 수 있다.

나라 현립 만요(万葉) 문화관

이 문화관에는 현재 『만요슈(万葉集)』에 남아 있는 내용을 여러 형태로 분석하여 꽃에 관한 내용이 들어 있는 것들, 『만요슈』에 보이는 지명들, 야외에서의 노래, 도시에서의 노래, 집안에서의 노래 등으로 분류하고 다양하게 분석하여 그림과 함께 설명하는 전시를 하고 있었다.

『만요슈』라는 이름은 수많은 세대에 걸쳐서 전해진다는 의미로 쓰이기도 하고 수많은 노래를 모았다는 의미로도 붙인 이름으로 알려지고 있다. 일본에서 가장 오래된 와가(和歌)를 모아 놓은 책이다. 닌도쿠(仁德) 천황과 황후의 노래부터 757년 정월 오오도모노야가모찌(大伴家持)의 노래까지 400여 년간에 걸쳐서 약 4,500여 수의 노래가 모여 있다. 작가들은 천황, 황후, 황자녀들, 관인, 승려, 농민 등이 있고 작가 미상의 노래도 많이 보인다.

이 책에 쓰여 있는 노래들은 현재의 일본어와는 아주 다른 형태를 보이고 있다. 한자를 사용하여 노래를 기록하였는데 그 방법에는 표의 문자로서의 용법과 표음 문자로서의 용법을 적절히 혼용하여 해석이 다소 어렵고 심지어는 해석이 안 되는 것도 많이 있다. 재미있는 것은 한국어로 해석했을 때 그럴듯하게 해석이 된다는 것이다. 그래서 이 분야도 많은 관심을 가지고 연구할 가치가 있어 보인다. 의외로 고대에 사용되었던 한국어를 찾아낼 수 있는 좋은 자료가 될 수 있다고 생각한다.

또한 특이한 것은 일본 역사서 『고사기』, 『일본서기』 등에 나오는 고대 시대의 인물들의 실제 필체 유물이 남아 있다는 것이다. 예를 들면 발견된 목간 등에 몇 명의 천황들, 황후, 유력한 귀족들의 필체를 상세한 설명과 함께 전시하고 있었다.

만요 가인(歌人)들이 부른 노래를 모티브로 해서 154명의 일본 화가들이 그린 그림을 전시하고 있는 일본화 전시실이 있고 일반 전시실은 '만요 극장', '만요 재미있는 체험', '노래의 광장' 등에서 만요의 세계를 보고, 듣고, 접촉하고, 느끼는 여러 가지 전시를 잘 연출하고 있었다. 특별 전시관에서는 '만요의 세계를 여행하다', '만요의 복장' 등을 전시하고 '『만요슈』를 읽는다', '『만요슈』 안의 고전, 불전을 생각한다'

강좌를 하는 등 『만요슈』 전반에 대한 연구, 발전, 보급 등에 도움이 되는 다양한 활동을 하고 있었다.

우리의 향가와 일본의 『만요슈』는 많이 비슷하다. 향가가 한자의 음과 훈을 빌려서 표기한 것과 같이 『만요슈』도 한자의 음과 훈을 이용해 표기하다 보니 해석이 어려운 것 또한 사실이다. 향가도 가끔 새로운 해석이 발표되듯이 고대어의 현대 번역은 어려움이 있고 한편으로는 새로운 발견에 대한 즐거움도 있는 것이라 생각이 든다. 수많은 고대 한·일의 문물이 교류하고 한반도에서 넘어간 수많은 도래인들이 일본에 정착한 시기에 읊어진 노래들이 모여 있는 『만요슈』에서 고대 한반도의 언어도 찾을 수 있고 현재까지 남아 있는 언어의 뿌리도 살펴볼 수 있는 많은 좋은 자료를 접할 수 있어서 아주 유익한 시간이었다.

4,500여 수에 달하는 『만요슈』의 내용은 우리의 경상도 사투리, 전라도 사투리, 충청도 사투리뿐만 아니라 현재 우리가 사용하고 있는 많은 단어와도 닮은 점이 있어 시간적 여유를 가지고 읊어진 시가를 깊이 있게 연구해 보면 의외의 성과가 나올 수도 있겠다는 생각을 해본다.

5.
이시부타이石舞臺 고분, 사가다데라坂田寺, 가와라데라川原寺, 다치바나데라橘寺, 도유라데라豊浦寺 유적

이시부타이(石舞臺) 고분은 아스카 지역의 동쪽 산록 근처의 언덕길을 오르다 보면 넓은 잔디 뒤로 위치하고 있는 것을 볼 수 있다. 피장자는 명확하지 않으나 아스카 시대의 도래인으로 추정되는 권력자 소가노우마코(蘇我馬子)의 묘일 가능성이 높다고 전해지는 곳이다.

이 고분은 일본 최대급의 석실을 갖고 있는 아스카를 대표하는 고분으로 7세기 초에 축조된 50m 정도의 방분 또는 상원하방분이며 주위에는 호와 제방이 둘러싸고 있다. 매장 시설은 남쪽에 입구가 있는 횡혈식 석실로 현실 길이 7.8m, 폭 3.4m, 연도 11.5m, 폭 2.2m로 현실로부터 연도에 걸쳐서 배수구가 만들어져 있다. 석실 내부는 응회암이 출토되어 집 모양의 석관이 안치되었다고 추정되고 있다.

이시부타이(石舞臺) 고분

분구에 쌓인 거대한 흙이 없어지고 횡혈식 석실이 노출된 형태이다. 노출된 바위는 30여 개, 총 중량은 2,300톤으로 추정된다. 이 크고 많은 무거운 돌을 어떻게 이곳으로 옮겨 왔는지 놀라울 뿐이다. 고대에 이런 기술에 대해 일부 밝혀진 유적이 있다. 오사카 지역의 거대 고분군 주변의 유적에서 거대한 두 갈래의 나무로 만들어진 슈라(修羅)라는 유물이 발굴되었는데 이것이 그 역할을 한 것으로 알 수 있는데 그 지역에 가면 실제 발굴된 거대한 슈라의 모습을 볼 수 있다.

이시부타이 유적에서 길을 따라 조금 내려오면 사가다데라(坂田寺) 유적이 있다. 이 절은 도래계 씨족 구라쯔구리(鞍作) 씨가 조영했던 비구니 사찰이다. 요메이(用明) 천황 2년 587년에 도래계 시바닷도(司馬達等)의 아들인 구라쯔구리노다스나(鞍作多須奈)가 조영을 발원하고 스이코(推古) 천황 14년 606년에는 그 손자인 구라쯔구리노도리(鞍作

鳥)가 논을 하사받아 그 수확을 절의 조영비로 댔다고 한다.

구라쯔구리노도리(鞍作鳥, 鞍作止利라고도 씀)는 623년에 이카루카(斑鳩)에 있는 호류지(法隆寺) 금당의 석가삼존상의 작가로 알려진 인물이고 이 불상의 광배에 이름에 새겨져 있는 것을 알 수 있다. 그리고 앞 장에서 방문한 아스카데라 금당의 아스카 대불도 제작한 것으로 알려진 인물로 그의 작풍을 다른 불상과는 다소 다른 분위기로 도리 양식이라고 일본에서는 알려지고 있다.

다치바나데라(橘寺)

사가다데라는 686년에는 다이간다이지(大官大寺), 아스카데라(飛鳥寺), 가와라데라(川原寺), 도유라데라(豊浦寺)와 나란히 5대 절의 하나로서 무샤다이에(無遮大会: 5년에 1회 하는 평등을 강조하는 법회)를 개최했다는 기록이 있는 등 큰 사원이었다.

가와라데라(川原寺)와 다치바나데라(橘寺)는 서쪽의 아스카역 방향으로 언덕길을 따라 내려가다 보면 서로 마주보는 위치에 있다.

가와라데라는 아스카 시대의 사원이었으나 현재는 폐사의 흔적만 남아 있다. 가와라데라는 아스카데라, 야쿠시지(藥師寺), 다이간다이지와 함께 아스카의 4개 큰 사원으로 알려진 곳이다. 그러나 직접적인 건립 등에 대한 역사적인 기술은 없고 부수적인 기록으로 이 절의 건립과 규모를 추측하고 있다. 덴지(天智) 천황의 어머니 사이메이(齊明) 천황이 조영한 가와라노미야(川原宮)의 유적지에 창건되었다는 설이 유력하다. 655년 사이메이 천황 때 아스카이타부키노미야(飛鳥板蓋宮)가 소실되고 656년 오카모토노미야(岡本宮)로 이전할 때까지 임시 사용한 궁이다.

다치바나데라는 일본인이 지금도 가장 존경하는 인물 중의 한 명인 쇼토쿠(聖德) 태자 탄생의 땅으로 알려지는 곳이다. 태자가 건립한 7개 사원 중의 하나이고 시텐노지(四天王寺)식의 가람 배치를 하고 있다고 한다. 오랜 시간을 지나오면서 여러 번의 화재가 있었고 현재는 에도 시대에 재건한 건물들로 구성되어 있다. 경내에 들어가면 꽃 모양의 심초석을 볼 수 있고 이 절을 설명할 때 많이 안내되는 하나의 바위에 앞은 선의 얼굴이고 뒤는 악의 얼굴을 한 이면석이 있다. 뒤에서 방문하는 기비히메노미코노하카(吉備姬王墓)에 놓여 있는 원숭이 모양의 석상과 같은 장소에서 출토된 것으로 보인다.

뒤에서 소개하는 이카루카의 호류지에 소장하고 있는 다마무시노즈시(玉蟲厨子)와 구다라 관음상(百濟觀音像)이 확실하지는 않지만 이 절에서 옮겨 간 것은 아닌가 추측하기도 한다.

도유라데라(豊浦寺) 유적에는 현재 아담한 규모의 다이시야마고겐지(太子山向原寺)가 자리 잡고 있다. 592년 스이코(推古) 천황이 도유라노미야(豊浦宮)에서 즉위한 이후 약 100여 년간 일본 천황의 궁은 아스카 땅에 집중되어 있다. 그래서 아스카는 정치의 중심지가 되고 대륙과 한반도의 선진 문화를 받아들이고 쇄신하여 화려한 아스카 문화가 꽃을 피우게 되고 현재에도 그 당시 많은 활약상을 남긴 도래인들의 흔적들을 살펴볼 수 있는 지역으로 남아 있다.

603년 스이코 천황이 도유라노미야에서 오하리다노미야(小墾田宮)로 이사한 후에 도유라데라가 건립되었다고 한다. 최근의 발굴 조사에서 사원의 유구에 선행하는 건물 유적이 보여 그 내용을 뒷받침했다.

긴메이(欽明) 천황 13년 552년에 "백제의 성왕이 일본에 보낸 일본 최초의 도래 불상인 금동 석가 불상을 소가노이나메(蘇我稲目)가 하사받아 고겐(向原)의 집을 청결하게 하여 절로 하였다."고 하며 이것이 일본 최초의 절이 되었다고 한다. 그러나 그 후 전염병이 유행하면서 이런 재해가 생기는 것은 불교 숭배에 의한 것이라는 이유로 배불파인 모노노베(物部) 씨에 의해 불상은 나니와(難波)의 호리에(堀江)에 버려지고 절은 태워져 없어졌다고 한다.

그 후 581년에 재건되어 사쿠라이데라(桜井寺)가 되고 백제로부터 돌아온 젠신니(善信尼)가 거주하는 비구니 절이 된다. 젠신니에 대한 기록은 앞에서도 언급했듯이 현재 충남 부여의 고란사의 벽화에도 기록되어 있는 것을 볼 수 있다.

아스카 지역에 가면 젠신니(善信尼)에 대하여 많이 소개하고 있다. 민다쯔(敏達) 천황 13년 584년에 고구려로부터 온 승려로 불교 탄압으로 환속해 있었던 혜변(惠便)에게 시마닷토(司馬達等)의 딸인 젠신니(善信尼)와 다른 2명의 소녀가 출가한다. 그래서 그녀가 일본에서 최초로 불교에 입문한 여성으로 알려지고 있다. 그리고 그녀들은 숭불파인 소가노우마코(蘇我馬子)의 집에 건축된 불전에서 불상을 모시던 중 나라에 역병이 대유행하게 되고 그것을 배불파인 모노노베 씨는 "이국의 신을 모셔서, 국가의 신이 노여워한다."고 하며 소가노우마코의 집을 공격하여 젠신니 등 3인의 법의를 빼앗아가고 감금하는 일이 일어난다. 그러나 그녀는 일본에서 수나라에 사신을 파견한 최초의 견수사보다도 빠른 시기에 15세의 나이로 백제로 유학을 떠나고 3년 후에 백제로부터 귀국하여 사쿠라이데라[桜井寺, 도유라데라(豊浦寺)]에서 많은 사람을 출가시켜 불교 부흥을 돕는 역할을 했다고 한다.

아스카무라(明日香村)의 도유라(豊浦) 고겐지 일대에는 당시의 초석이 발굴되어 남아 있고 1957년 이후의 발굴 조사에서 도유라데라 유구가 확인되면서 유적의 보존이 꾸준히 진행되고 있는 곳이다.

아스카 동쪽의 고분과 여러 절들을 둘러보면서 고대 한반도와의 많은 이야기들을 통해서 좀 더 깊이 있고 폭넓게 여러 가지 내용을 연관 지어 생각할 수 있는 좋은 답사가 되었다.

6.
가메이시龜石, 오니노셋징鬼の雪隱, 마나이타俎, 긴메이欽明 천황릉, 기비히메노미코노하카吉備姬王墓, 덴무·지토天武·持統 천황릉

아스카에는 특이한 형태의 많은 석조물들이 여기저기에 남아 있는데 아스카의 상징물로 생각할 수 있는 특이한 모습들을 하고 있다. 그중에 가메이시(龜石)는 수줍게 미소 짓는 듯한 거대한 거북 모습의 바위로 아스카를 대표하는 의혹이 많은 석조물이다. 가야를 상징하는 김해의 '구지봉'과 가락국 시조 김수로왕의 강림신화에서 불려지는 「구지가」 등 거북이와 관련된 것들과도 연관은 있는지 생각해 본다.

오니노셋징(鬼の雪隱)

조금 더 아스카역 방향으로 조그마한 들길을 걷다 보면 길가와 그 반대편 언덕 위에 있는 오니노셋징, 마나이타(鬼の雪隱, 俎)는 의혹의 석조물처럼 보이지만 봉토를 잃어버린 고분의 석곽의 모습과 상석인 것으로 추측하고 있기도 하다. 7세기 중엽에 축조된 장방형 형태로 보여진다.

의혹의 석조물에서 아스카역 방향으로 조그만 길을 따라 300m 정도 가면 긴메이(欽明) 천황릉과 기비히메노미코노하카(吉備姬王墓)가 있는 곳에 다다른다.

긴메이 천황릉은 히노쿠마노사카아이노미사사기(檜隈阪合陵)라고 불리고 있으며 6세기 후반에 축조된 것으로 보이는 전장 약 140m 정도 규모의 분구는 3단으로 축성되어 있고 주변이 호로 둘러싸여 있는 아스카무라 내에 있는 유일한 전방후원분이다.

긴메이 천황 때는 백제로부터 불교가 전해지는 등 아스카 문화가 시작되는 시기였다. 『일본서기』에 의하면 긴메이 천황은 571년 4월에 사망하고 9월에 히노쿠마노사카아이노미사사기에 매장하였다고 한다. 긴메이 천황의 황후로서 스이코(推古) 천황의 어머니인 기타시히메(堅鹽媛)를 스이코(推古) 천황 20년 612년에 합장하고 620년 10월에 모래와 자갈을 능 위에 쌓고 흙을 덮어 산을 만들었다는 기록이 보인다.

그러나 최근에는 다른 곳에 있는 고분을 긴메이 천황릉으로 보고 이곳은 긴메이 천황릉이 아니라는 설이 많이 나오고 있다.

긴메이 천황은 백제 무령왕과 많은 관계가 연구되고 있는 게이타이(継體) 천황과 다시라카(手白香) 황녀를 부모로 하는 천황이다. 그는 게이타이 천황 이후 배다른 형제인 안칸(安閑), 센가(宣化) 천황의 뒤를 이어 천황에 오른다.

긴메이 천황과 센가 천황의 딸 이시히메(石姬)와의 사이에서 태어난 민다쯔(敏達) 천황이 그 뒤를 이었다. 그리고 긴메이 천황과 당시 도래계 권력자인 소가노이나메(蘇我稻目)의 딸 기타시히메(堅鹽媛), 오아네노기미(小姉君)와의 사이에서 태어난 요메이(用明), 스쥰(崇峻), 스이코(推古) 천황이 민다쯔 천황의 뒤를 이었다.

기비히메노미코노하카(吉備姬王墓)내의 사루이시(猿石) 석조물

긴메이 천황 때에 한반도와 관련된 많은 기사가 『일본서기』에 남아 있다. 그중에 한일 고대사의 뜨거운 현안이 되고 있는 임나일본부에 대한 기사가 나온다. 천황의 뜻에 따라 백제 성왕의 주재하에 안라, 가라, 다라, 그리고 임나일본부의 대표 등이 모여 임나 재건을 위한 회의를 한다는 것이다. 이 기사의 사실 여부와 이 기사에 나오는 임나일본부의 사실 여부 등에 관해 수많은 연구가 이루어지고 있으나 여전히 논란이 되고 있어 관심을 가져야 할 부분이다.

기비히메노미코노하카(吉備姬王墓)는 긴메이 천황릉의 남서쪽에 있으며 히노쿠마노하카(檜隈墓)라고 부른다. 긴메이 천황의 손녀로서 고토쿠(孝德)와 고교쿠[皇極, 사이메이(齊明)] 천황의 생모이고 덴무, 덴지 천황의 조모로 『일본서기』에 의하면 기비히메노미코(吉備姬王)는 고교쿠 천황 2년 9월에 사망하고 마유미오카(檀弓岡)에 장사 지냈다고 한다.

『엔기시키(延喜式)』에 긴메이 천황릉과 같은 능역 내에 묘가 있다고 기록되어 있다. 에도 시대에 긴메이 천황릉의 남쪽 논에서 발굴된 원숭이 비슷한 얼굴을 한 조형물 사루이시(猿石) 석조물 4개가 묘역의 앞쪽에 있는 곳으로 잘 알려진 원분이다.

사루이시는 제작 연대나 제작 이유 등은 알 수 없으나 원숭이로 보여지는 얼굴의 석조물이다. 에도 시대에 긴메이 천황릉 근처의 밭에서 발굴되어 긴메이 천황릉에 두었다가 메이지 시대에 기비히메노미코노하카(吉備姬王墓) 앞에 옮겨 놓아 현재 이곳에서 볼 수 있는 것이다.

덴무·지토(天武·持統) 천황릉

덴무·지토(天武·持統) 천황릉은 672년 진신(壬申)의 난에서 승리하고 율령제의 기초를 다진 덴무 천황과 다음 천황인 그의 황후 지토 천황이 처음으로 화장되어 합장되어 있는 능으로 히노쿠마오오우치노미사사기(檜隈大内陵)라고도 불린다. 분구는 동서 약 58m 정도 규모의 원형분을 하고 있다.

1235년 가마쿠라 시대에 도굴되었으나 『아오기노산료기(阿不幾及山陵記)』에 분구, 전실, 묘실 내의 모양이 그 당시의 모습으로 기록되어 있다. 고분의 형태는 팔각형분으로 5단 축성, 주위는 돌로 단을 쌓았다고 한다. 쪼개진 돌을 쌓아 만든 석실은 2실이 있었는데 덴무 천황은 관이 있었고 지토 천황은 화장시킨 후 묻은 것으로 추정되고 있다.

덴무 천황은 역사서에는 덴지 천황의 동생으로 알려지고 있으나 그의 출자에 대하여는 명확하지 않다. 배다른 형이라는 설, 완전 별개의 인물이라는 설, 고구려의 재상 연개소문이라는 설 등 의혹의 인물이다. 덴지 천황 사후에 덴지의 아들 오오토모(大友) 황자가 후계자였으나 진신(壬申)의 난을 일으켜 천황이 되고 덴지 천황의 딸들과도 혼인 관계를 만들어 이후의 천황들은 덴지 천황의 후손과 덴무 천황의 후손들의 결합으로 이어진다.

덴무 천황 사후 그의 황후인 우노노사라라(鸕野讃良)가 지토 천황이 된다. 그 이후 그녀의 아들인 쿠사가베(草壁) 황자가 천황을 승계하지 못하고 일찍 사망함으로서 그의 손자로 알려진 가루(軽) 황자가 성장한 후에 지토 천황의 뒤를 이어 몬무(文武) 천황이 된다. 몬무 천황도 지토 천황의 손자로 알려지고 있으나 출자에 대해 많은 의문이 있는 인물이다. 앞에서도 언급하였으나 신라의 삼국 통일에 기여한 태종 무열왕의 아들인 문무왕이 사망한 이후 일본에서는 같은 이름의 몬무 천황이 즉위하는 역사적인 사실이 있었다. 이 때문에 두 인물의 연관성을 추적하는 연구도 많이 있으므로 그의 출자에 대한 사실은 지속적으로 관심을 가질 필요가 있어 보인다.

그 후에도 일본 천황의 승계는 순탄하지 않은 형태를 보인다. 몬무 천황 사망 후 그의 어머니인 겐메이(元明) 천황이 즉위한다. 지토, 몬무, 겐메이 천황 시기에 절대적인 권력을 갖고 있던 후지와라 후히토(藤原不比等)가 많은 영향을 미치는 시기가 되고 이 시기에 헤이죠교(平城京)로 천도가 이루어진다.

그리고 몬무 천황과 후지와라 후히토의 딸 미야고(宮子) 사이에서 태어난 쇼무(聖武) 천황과 후지와라 후히토의 또 다른 딸 고묘시(光明子)가 고묘 황후가 되면서 일본 불교의 최전성기가 된다. 지금도 나라 지역의 사원들과 그곳에 남아 있는 수많은 불상 중 이 시기에 만들어진 것들이 많다. 몇 대를 거치면서 앞에서 언급한 고닌 천황의 아들 간무 천황 때에 헤이안교(平安京)로 천도하며 새로운 시대를 맞는다.

임신의 난으로 시작된 덴무·지토(天武·持統) 천황 계열의 시대에는 오랜 기간 지속되어 오던 나라 시대의 마무리를 화려한 불교 예술과 함께하는 기간이 되었다.

현재 아스카에 있는 많은 유적들이 고대부터 오랜 기간이 지나면서 역사의 기록과 잘 일치하지 않기도 하고 한반도와 관련된 수많은 의혹과 연관되어 있다 보니 충분한 연구 기록이 잘 나타나지 않은 것들도 많은 것 같다. 현장을 직접 찾는 답사와 관련 연구 내용을 잘 연결하면 더 깊은 내용들을 찾을 수 있을 것이라 생각해 본다.

4장

고대 한반도를 느낄 수 있는 아스카飛鳥 남서의 유적

1.
12지신상과 사신도四神圖 벽화가 남아 있는 기토라キトラ 고분

기토라(キトラ) 고분은 아스카역에서 남쪽으로 걸어서 약 30분 정도 거리에 위치한 작은 원형분으로 7세기 말에서 8세기 초에 축조된 것으로 추정되는 곳이다. 이 지역에도 많은 유적지가 있어 주변의 유적지를 함께 둘러보기 위해 자전거를 빌려 타고 찾아간다. 기토라 고분과 히노쿠마데라(檜隈寺) 유적 주변은 국영 아스카 역사공원으로 잘 정비되어 있다. 기토라 고분벽화 체험관, 사신의 관도 있어 고분의 전반적인 내용을 파악할 수 있다.

국영 아스카 역사공원 - 기토라(キトラ) 고분 주변 지구 안내석

이 주변 환경이 아주 편안하면서도 목가적인 전경이 있는 곳이라서 그런지 산등성이에 잘 정비되어 있는 고분 옆을 거닐면서 잠시 서쪽으로 가쯔라기산(葛城山) 등이 있는 산지를 쳐다보면서 그곳을 넘으면 오사카 평야가 펼쳐지고 좀 더 가면 오사카 해안이 나오고 그곳을 통해서 고대에 한반도의 수많은 도래인들이 일본 땅으로 넘어와 이곳까지 와서 정착을 한 것을 잠시 생각하게 된다.

1983년에 이 고분의 석실을 열지 않고 안으로 파이버스코프(Fiberscope)를 연결하여 내부를 들여다보았다. 그 결과 현무 벽화를 발견할 수 있었다. 이는 고구려 벽화와 비슷한 것으로, 일본에서는 두 번째로 고구려 벽화와 비슷한 벽화를 발견한 것이었다. 첫 번째는 인근에 있는 다카마츠츠카(高松塚) 고분이었다. 그 후 약 33년의 오랜 기간에 걸쳐 세밀한 조사를 진행한 결과 청룡, 백호, 주작, 12지상, 천문도 등이 발견되었다.

그리고 이 고분의 내부에는 인근의 니조산(二上山) 응회암으로 만들어진 석실이 있으며 이 석실은 18장의 마름돌로 구성되어 있으나 가마쿠라 시대에 도굴되어 부장품 일부와 목관 편, 인골 등이 출토되었다. 석실 내부 탐사 결과 벽화가 위험한 상태에 있다는 사실도 알게 되어 2010년 모든 벽화를 떼어내고 수리가 진행되어 현재 벽화는 보존 처리되어 있다.

기토라 고분에 매장되어 있는 인물은 아직 특정되지 않았으나 텐무(天武) 천황의 아들 다케치(高市) 황자, 백제 의자왕의 아들 구다라노고니기시쇼세이(百濟王昌成), 고분 주변의 일대가 '아베야마(阿倍山)'의 이름으로 아베노미우시(阿倍御主人) 등 여러 사람들이 추정되고 있다.

기토라 고분의 분구는 몇 중으로 흙을 다져 넣어 굳힌 판축(版築)

기법으로 만들어져 있다. 이 판축(版築) 기법은 저자의 『규슈 역사를 따라서 한국을 찾아 걷다』에도 언급을 했는데 현재 서울 송파구 한성백제의 몽촌 토성의 축성 방법이고 백제 멸망 후 일본으로 넘어간 백제인들이 주도하여 축성한 후쿠오카의 미즈키(水城)와 오노조(大野城) 등도 이 방법으로 축성된 것을 알 수 있다.

기토라 고분 옆으로 '기토라 고분벽화 체험관, 사신의 관'이 2016년 9월 개장되어 있다. 이곳은 기토라 고분벽화를 보존·관리하는 '벽화 보관실', 고분에서 출토된 부장품들을 보존·관리하는 '출토품 보관실', 벽화를 견학할 수 있는 '전시실' 등으로 배치되어 있다. 전시실에는 원래 크기의 석실 모형과 벽화 발견으로부터 수리 과정을 상세하게 전시하고 있고 사면의 대형 스크린에 영상을 투여하여 실제의 분위기 이상으로 벽과 천장의 내용을 선명하게 실감할 수 있도록 전시하고 있다. 그리고 천장의 천문도도 원래의 빨간 원 4개와 별들을 금박으로 표시하여 선명하게 보여 주고 있었다.

기토라 고분 석실 내에는 사신도, 12지신상도, 천문도, 해와 달의 벽화가 그려져 있다. 사신도에는 우주의 네 방위를 관장하는 신령한 동물로 동쪽에 청룡, 서쪽에 백호, 남쪽에 주작, 북쪽에 현무가 그려져 있다. 일본에서 사신의 그림이 모두 그려져 있는 고분 벽화는 기토라 고분 벽화뿐이다. 다카마츠츠카 고분의 남벽이 도굴로 파괴되어 그림이 남아 있지 않다. 그리고 북벽의 현무도 다카마츠츠카 고분의 거북이와 뱀의 머리 모습이 잘 보이지 않으나 기토라 고분의 현무는 완전한 모습으로 남아 있다. 반대로 청룡은 다카마츠츠카 고분의 청룡의 모습이 선명하여 기토라 고분의 청룡을 유추할 수 있다.

사신 아래에는 12가지 동물의 얼굴에 인간의 몸을 가진 12지신상이 그려져 있다. 동 시대의 다카마츠츠카 고분에는 12지신이 그려져 있지 않기에 기토라 고분에 그려져 있는 12지신은 고대 세계관을 알 수 있는 귀중한 자료이다. 북쪽 벽 가운데에 쥐가 그려져 있고 해당 방향에 맞게 각 벽에 3구씩 그려져 있다. 현재 확인 가능한 것은 쥐, 소, 호랑이, 말, 개, 돼지 총 6구이다. 동물의 얼굴에 인간의 몸을 가진 12지신을 묘의 부장품에 표시하는 것은 중국 수나라 시대에 시작된 것으로 알려지고 있다. 사신과 똑같이 12지신도 매장된 사람을 수호하는 역할을 한 것으로 보인다.

손에 무기를 갖고 있는 점은 중국 의장의 특징으로 보여지지만 불교의 영향이나 한반도의 영향으로도 이야기되고 있다. 한반도의 경주 김유신 장군 묘의 12지신 모습이 기토라 고분의 모습과 아주 일치하는 것을 볼 때 벽화를 그린 화가도 도래계의 화가 집단과 깊은 관련이 있었음을 추정해 볼 수 있다.

기토라(キトラ) 고분벽화 체험관 - 사신의 관

지붕형으로 패어 있는 천장에는 하늘의 북극을 중심으로 한 원형의 별자리 그림이 그려져 있다. 동쪽 경사면에 금박으로 태양이 있고 서쪽 경사면에 은박으로 달이 표현되어 있다. 천장의 평탄한 면의 부분에는 원형의 천문도가 그려져 있다. 이 천문도는 적도와 황도(태양이 지나가는 길, 1년에 한 번 황도를 일주한다)를 나타내는 띠를 갖추고 있어 본격적인 별자리 지도로는 현존하는 세계에서 가장 오래된 유물이다.

천장의 천문도가 고구려의 하늘이라는 연구가 나오기도 하였다. 이유는 위도 39도에서 관측된 별자리라는 것인데 평양의 위치가 같은 위도에 있다는 것이다. 그리고 기토라 고분, 다카마츠즈카 고분의 사신도는 7세기의 고구려 강서 대묘의 사신도의 모양과 아주 유사하여 고구려와 깊은 관련을 추측할 수 있다.

『일본서기』 602년 10월에 "백제 승 간로쿠(観勒)가 천문, 역본, 지리 및 둔갑과 방술을 일본에 전래하여 천황은 그를 간고지(元興寺, 아스카데라)에 머물게 하고 서생을 뽑아 그것을 배우도록 했다."는 기록이 있다. 아스카데라 옆의 호수에서 발견된 목간에 '간로쿠(観勒)'라는 글자가 표시된 것을 확인할 수 있고 호류지(法隆寺)에 있는 간로쿠 목상 등으로 볼 때 이 지역에서 많은 활동을 한 것을 알 수 있다.

우리나라에서 가장 오래된 천문도인 「천상열차분야지도(天象列次分野之圖)」는 거대한 돌에 점점이 별이 표시되어 있는 모습인데 이 천문도의 그린 위치가 평양성으로 알려져 있다. 평양성에서 병란으로 강물에 빠진 천문도의 탁본을 토대로 조선 태조 때 다시 제작하였다는 기록이 있다. 기토라 고분의 천문도는 「천상열차분야지도」를 원류로 하고 있지는 않지만 고구려의 또 다른 천문도의 영향을 받은 것으로 알려지고 있다.

고구려의 하늘 아래 묻힌 기토라의 주인은 고구려와 관계 있는 사람으로 생각해 볼 수 있고 후지와라교(藤原京) 시대의 여러 유물들을 볼 때 그 시기에 기토라 고분이 축조된 것으로 보여 후지와라교와 깊은 관계가 있는 것으로 보인다.

'기토라고분벽화 체험관, 사신의 관'에 전시된 '도래문화와 고대 아스카'를 참고하여 아스카에서의 도래인의 모습을 추정해 봤다. 다음은 그 내용이다.

도래인은 바다를 건너 일본으로 왔던 동아시아인들을 지칭하나 주로 한반도에서 건너온 사람들을 부르는 말이다. 이 기토라 고분 지구 주변에도 살고 있었다고 추측되고 있다.

일본 열도에는 죠몬 시대 말기부터 아스카, 나라 시대까지 많은 도래인들이 이주했다고 추측하고 있다. 5~7세기의 도래인들은 다양한 기술과 학문, 사상, 예술 등을 전달하고 일본 열도의 기술, 문화의 진화에 많은 영향을 미쳤다. 5~7세기에 왔던 도래인들은 '새롭게 도래했던 기술자들'이라는 의미의 '이마키노데히토(今來才伎)'라고 불리고 있다.

아스카에 최초로 발을 내린 도래인은 유라쿠(雄略) 천황 2년 457년 히노쿠마노다미노즈가이하가고토(檜隈民使博德)와 무사노스구리오오(身狹村主靑)로 두 사람의 자손들은 그 후에 야마토노아야(東漢) 일족이 되고 후에 아스카 문화 형성에 큰 역할을 했다. 히노쿠마노다미노즈가이하가고토는 아스카 서남부인 현재의 히노쿠마(檜隈)를 포함한 지역에 살았던 것은 아닌가를 지금도 남아 있는 지명에서 추측하게 된다.

기토라 고분 벽화의 제작자로서 이름이 알려진 한 사람이 '이마키노데히토

(今來才伎)'인 기부미노혼지즈(黃文本実)이다. 그는 화가 집단의 일원으로서 높은 기술을 갖고 도래해서 그림 그리는 일에 종사했던 것으로 추측된다.

위에서 살펴본 내용들이 일본의 다른 어떤 유적에서도 찾아 볼 수 없는 것이고 주로 고구려 고분 벽화와 한반도의 유적에서 볼 수 있는 것이라서 일본 내에서 이 유적은 남다른 것이다. 그래서 수십 년에 걸쳐서 신중하게 발굴이 이어졌고 현재의 모습으로 일반인에게 보여지고 있는 것이다. 오랜 기간 발굴을 진행한 만큼 이 주변과 전시관은 아주 잘 정비되어 있고 전시하는 내용도 충실하게 이루어져 있는 것 같다. 피장자가 누군지, 한반도와의 좀 더 구체적인 관련성은 어디에 있는지에 대해 우리가 더 많은 관심을 가지고 보다 많은 연구를 할 필요가 있는 지역인 것은 분명하다.

2. 오미아시於美阿志 신사와 히노쿠마데라檜隈寺 유적

기토라 고분의 북쪽으로 좁은 길을 따라 약 10분 정도 걸어가면 오미아시(於美阿志) 신사와 히노쿠마데라(檜隈寺) 유적이 나온다. 히노쿠마(檜隈) 지역 일대는 도래인들이 살았던 땅이었다는 증거 등이 발견된 곳이다. 그리고 백제로부터 도래했던 아치노오미(阿知使主)가 거주했다고 전해지고 있는 곳이다.

오미아시 신사는 도래계 씨족인 야마토노아야(東漢) 일족의 씨사로서 조영된 신사로 아치노오미를 제신으로 모시고 있고 이 신사 경내에 히노쿠마데라 유적도 사적으로 지정되어 있는 것을 볼 수 있다. 그리고 오미아시 신사 앞쪽에도 히노쿠마데라 고대 유적이 남아 있다.

도래인의 씨사인 히노쿠마데라(檜隈寺) 유적 안내판

히노쿠마데라의 이름은 『일본서기』 덴무(天武) 천황 때에 보인다. 히노쿠마데라는 7세기에 야마토노아야(東漢) 씨의 씨사로서 건립된 것으로 보여지고 이 야마토노아야 씨의 자손으로는 정이대장군으로 유명한 사가노우에다무라마로(坂上田村麻呂)가 있다. 사가노우에다무라마로는 어머니가 백제 무령왕의 자손이라는 간무(桓武) 천황 대에 많은 공적과 이야기를 남긴 인물이다.

히노쿠마데라는 그 후 가마쿠라 시대까지 이 땅에 있었던 것으로 알려지고 있다. 히노쿠마데라는 중문, 금당, 강당, 탑 등과 이를 둘러싸고 있는 회랑 등으로 구성되어 있는 구조이다. 그리고 당간지주로 추정되는 2개의 큰 구멍이 발견되었다.

아스카 북쪽에 있는 후지와라쿄(藤原京) 유적에서도 당간지주의 유구가 확인되었는데 국가의 중요한 의식에서 이 당간지주에 삼족오, 해, 달, 사신(청룡, 주작, 백호, 현무)을 그린 깃발[도반(幢幡)]이 걸렸다고 한다.

이곳에서 발굴된 강당은 아스카데라(飛鳥寺)와 호류지(法隆寺) 서원 가람의 강당과 비슷한 규모로 큰 모습을 보이고 있다. 이 강당의 기와를 쌓아 만든 기단을 갖는 건물은 오미(近江)의 스후쿠지(崇福寺), 미나미시가(南滋賀)의 폐사, 야마나시(山城)의 고마데라(高麗寺) 등에서도 보이는 것으로 아스카에서는 최초로 보이는 것이라고 한다.

그리고 금동제 비천상, 조그만 금동불의 손, 특유한 문양을 갖는 기와 등 히노쿠마데라 주변으로부터 보이는 유물은 도래 문화가 전해졌다는 증거로 생각할 수 있고 기와를 쌓아 만든 기단은 한반도에 많이 보이는 기단화 방법으로서 히노쿠마데라가 도래계 씨족인 야마토노아야 씨의 절로서 만들어진 것을 이야기하고 있다고 보고 있다.

그리고 경내에는 '센가(宣化) 천황 히노쿠마노이오리노노미야(檜隈盧入野宮) 유적지'의 석비가 세워져 있는 것을 볼 수 있다. 센가(宣化) 천황릉은 이곳에서 멀지 않은 곳에 있다. 이곳에서 서쪽으로 조금 가면 긴데쯔 요시노선 전철이 다니는 철로가 있고 그 반대편 쪽으로 있는 니이자와센츠카(新沢千塚) 고분군 가는 길에 볼 수 있다. 도래씨족 야마토노아야(東漢) 씨 일족의 유적과 센가 천황의 궁과 능의 유적만이 세월의 흐름과 함께 자연 속에 쓸쓸하게 남아 있는 것을 볼 수 있다.

이곳으로부터 약 10㎞ 서쪽에 있는 가쯔라기산(葛城山)과 이와하시산(岩橋山)을 넘으면 오사카 평야를 지나서 바다에 도달한다. 이와하시산 북측에는 일본에서 가장 오래된 관도인 다케노우치노가이도(竹內街道)가 지나가는데 고대의 해상 교통의 중요 지역인 스미노에노쯔(住吉津), 나니와쯔(難波津)로부터 사쿠라이시의 모즈(百舌鳥) 고분군, 하비기노(羽曳野)시와 후지이데라(藤井寺)시에 걸쳐져 있는 후루이치(古

市) 고분군을 통해 아스카에 도달하는 중요 경로이다.

이 길의 주변에 하비기노시 아스카 부근은 '치가츠아스카(近つ飛鳥)'라고 부르는 땅으로 대륙과 한반도계의 유물을 출토한 고분군이 넓게 퍼져 있다.

고대의 관도를 따라서 아스카의 땅에 들어온 사람들 중에는 고도의 기술을 가진 도래인들이 많았다. 히노쿠마데라 앞쪽의 히노쿠마 집락은 고대에 히노쿠마라 불리는 땅으로 도래인들이 주거한 곳이다. 약 1,400년 과거에는 이곳으로부터 당시의 최첨단 기술이 퍼져나갔다고 생각하고 있다.

한반도풍의 생활 흔적이 보이는 히노쿠마 유적군과 그 주변을 중심으로 활약했던 야마토노아야 씨를 시작으로 구라쯔구리(鞍作) 씨, 히라다(平田) 씨, 가루(軽) 씨, 오오구바(大窪) 씨 등 다수의 도래인들은 아스카 땅에서 정치에 중추적인 역할을 하고 문화 발전에 영향을 미치면서 학문, 사상, 기술 등 아스카, 하쿠호(白鳳) 문화를 꽃피우는 데 많은 기여를 한 것으로 보인다.

발굴되었던 고대 건물 유구로부터 도래인들의 생활을 추측하고 있는데 놀라운 것은 한반도에서 지금도 널리 사용되고 있는 난방 구조인 '온돌'의 모습이 발견된 것이다. NHK에서 방영된 〈2018년 새로운 발견〉에서도 아스카에서 발굴된 '온돌'에 대하여 관심 있게 다룬 것을 본 적이 있다.

오미아시(於美阿志) 신사

히노쿠마데라 유적 인근에는 도래인의 흔적을 남긴 많은 지역이 있다. 사카다데라(坂田寺), 다치베데라(立部寺), 가루데라(軽寺), 오오구바데라(大窪寺), 요라쿠(与樂) 고분군 등 인근의 많은 지역에서 도래인들이 생활했던 것을 알 수 있는 유구와 유물이 출토되고 있는 것을 알려 주고 있다.

히노쿠마(檜隈)와 관련된 곳이 도쿄에 있어 소개한다. 도쿄를 방문하면 오래된 사원과 신사 그리고 신사 진입로 주변의 고풍스러운 가게들의 분위기를 보기 위해 많이 찾는 곳이 센소지(浅草寺), 아사쿠사(浅草) 신사이다. 이곳에 대한 기록이 『센소지엔기(浅草寺縁起)』에 다음과 같은 내용으로 남아 있다.

스이코(推古) 천황 36년 628년 3월 18일 아침 히노쿠마노하마나리(檜隈浜成), 히노쿠마노다케나리(檜隈竹成) 형제가 에도(江戶) 포구[현 스미다가와(隅

田川)]에서 고기 잡던 중 투망에 걸린 하나의 불상을 발견하고 그것을 그 지역의 하지노나가도모(土師中知)에게 알려 그 불상이 관세음보살상이라는 것을 알게 되고 출가하여 절을 짓고 귀의하여 함께 받들어 모셨다.

지금은 일본의 수도로서 유명한 곳이지만 일본 고대 역사의 중심지인 아스카·나라에서 멀리 떨어진 도쿄에서 도래인 성을 가진 인물들의 이야기가 전해지는 것도 참 놀라운 일이다. 현재 도쿄의 대표적인 명소로 수많은 관광객들이 찾는 절과 신사의 유래가 도래인과 관련있다는 것을 알고 이곳을 방문하는 한국인들에게는 더 큰 의미가 있으리라 생각이 든다.

지금도 이 신사는 위의 3명의 도래인 후손을 제신으로 모시고 있으며 이 지역에서도 제일 크고 화려한 산자 마쯔리(三社祭)로 전통을 이어가고 있다. 저자도 1996년에 이곳에서 일본의 마쯔리를 처음으로 시간적 여유를 가지고 본 적이 있었다. 당시에는 이런 유래에 대해서는 전혀 모르고 보았으나 다시 이곳을 방문하면 더 많은 생각을 하게 될 것 같다.

히노쿠마 성을 가진 두 형제 이야기도 눈에 띄지만 함께 나오는 하지(土師) 씨도 놀라운 이야기이다. 하지 씨도 대표적인 도래인으로 이 책의 뒷부분에서 그 유래와 일본에서의 많은 역할들을 기술하였으니 참고하면 좋을 것 같다.

3. 아스카飛鳥 역사공원관, 고구려 고분 벽화와 유사한 벽화가 있는 다카마츠츠카高松塚 고분, 나가오야마中尾山 고분, 몬무文武 천황릉

아스카(飛鳥)역에서 내려 역 광장의 큰길을 따라 동쪽으로 10분 정도 걷다 보면 다카마츠츠카 주변 지구 내에 아스카 탐방의 거점이 되는 아스카 역사공원관이 나온다. 아스카에는 5개의 역사공원관이 아스카의 역사적 풍토와 문화재 보존 활용을 목적으로 정비되어 있다. 이와이도(祝戸) 지구, 이시부타이(石舞臺) 지구, 아마카시오카(甘樫丘) 지구, 다카마츠츠카(高松塚) 주변 지구, 기토라(キトラ) 고분 주변 지구로 되어 있고 지금 방문하는 곳이 다카마츠츠카 주변 지구이다. 이곳에서 다카마츠츠카(高松塚) 고분, 나가오야마(中尾山) 고분, 몬무(文武) 천황릉 등을 살펴볼 수 있다.

아스카 지역의 역사공원관은 아스카 지역 전체와 그 지구의 내용을 잘 알려 주고 있어서 그 지구를 둘러볼 때 이곳에 들른다면 그 지구의 유물, 유적을 전체적으로 이해하는 데 도움이 될 것으로 생각이 든다.

아스카 역사공원관 - 다카마츠츠카(高松塚) 주변 지구 표지판

다카마츠츠카 고분은 아스카 지방의 서남부에 위치하고 그 일대가 히노쿠마(檜隈)라고 불리는 곳이다. 특히 도래인들이 많이 거주한 곳으로 알려지고 있다. 이 고분은 7세기 말부터 8세기 초에 조영된 고분으로 일본에서는 발견되지 않은 채색 벽화가 발견되어 1972년 발견 당시에 큰 놀라움을 주었다. 분구 중심부에는 응회암을 잘라낸 석재 16장을 이용하여 석실을 구축하고 있었고 석실은 중세에 도굴을 당했으나 발굴 조사에서 큰 칼의 장신구, 청동 거울, 유리옥 등 부장품 일부와 옻칠한 목관 등이 출토되었다.

다카마츠츠카 고분 안에서 발견된 벽화에는 여러 가지 그림이 그려져 있었다. 사신도(四神圖), 일상(日像)과 월상(月像), 인물 군상 등이 그려져 있다. 고구려 고분 벽화에서 많이 보이는 사신은 중국의 사상을 기반으로 하는 것으로 예부터 천자의 상징으로 사용하였으며 사방을 지키면서 동쪽에 청룡, 서쪽에 백호, 남쪽에 주작, 북쪽에 현무로 동서남북의 방위를 표시하였다. 청룡과 백호 위에는 일상과 월상이 그려져 있는데 이곳에 매장된 인물을 중심으로 해서 소우주를 표현했던 것으로 보인다. 남벽에 그려졌던 주작은 도굴자의 파괴에 의해 현재는 남아 있지 않다. 인물 군상은 남자 4인, 여자 4인 각 1조의 군상이 동서 양 벽에 2조씩 총 16명이 그려져 있다. 그리고 천장부의 중앙과 약 1m 정도의 사방에 별자리가 그려져 있다.

벽화 발견 이후에는 석실 남측에 보존 수리용 시설을 설치하여 보존 대책을 실시하였으나 벽화의 열화를 막지 못하여 2005년 석실을 해체하고 모든 석재를 반출한 후에 직접 벽화에 대한 보존 처리를 한 후 벽화의 수리 작업을 진행하였다.

다카마츠츠카(高松塚) 고분

현재의 다카마츠츠카 고분은 발굴 조사의 성과를 바탕으로 축조 당시의 모습인 원형분으로 복원한 것을 볼 수 있다. 잘 정비된 고분 옆으로 올라 서쪽으로 보면 도래인들의 히노쿠마데라(檜隈寺) 유적 지역과 이곳이 하나의 지역으로 연결된 곳이라는 것을 느낄 수 있다.

다카마츠츠카 고분 옆으로 다카마츠츠카 벽화관이 있다. 이곳에는 벽화 고분을 발견 당시 그대로 재현하여 전시하고 있다. 사신, 일상과 월상, 남자 군상, 여자 군상, 천장의 별자리 그림을 선명하게 볼 수 있다. 석실과 같은 크기의 모형, 부장품, 분구의 축조 상태 등 다카마츠츠카 고분의 모든 것을 알 수 있게 쉽게 재현해 놓은 것을 볼 수 있었다.

일본의 사학자인 고바야시 야스고(小林惠子)는 고대 일본 및 한일 관계사에 대한 의혹을 제기하는 많은 저서를 남겼다. 그중에 다카마츠츠카 고분이 외부 형태나 내부에 보이는 고구려 고분 벽화를 봤을 때 유사한 모습을 띠고 있어 고구려의 연개소문, 덴무 천황 등과 깊은 관련성이 있을 수 있다는 의견을 제시하기도 하였다.

나가오야마(中尾山) 고분은 다카마츠츠카 고분의 가까운 북쪽에 있는 삼단 구조의 팔각형분인데 화장한 뼈를 매장한 정교한 고분으로 알려지고 있으며 '석묘'라고도 불리고 있다. 횡혈식 석곽의 안에 화장한 분골을 안치한 것으로 추측되고 있다. 몬무(文武) 천황릉이 인근에 있으나 최근에는 이곳의 피장자가 몬무 천황일 가능성이 높다는 연구가 많이 나오고 있다.

몬무(文武) 천황릉은 다카마츠츠카 고분의 남쪽에 위치하고 있으며 덴무 천황과 지토 천황의 손자로 알려지고 있는 몬무 천황이 매장된 것으로 알려지고 있는 원분이다. 그러나 천황릉으로의 고분은 팔각형분이 많고 몬무 천황은 화장한 것으로 되어 있어 나가오야마(中尾山) 고분이 더 유력한 것으로 알려지고 있다. 몬무(文武) 천황은 한반도의 삼국 통일에 기여한 신라 태종 무열왕의 아들인 문무왕과 이름이 같고 신라에서 문무왕 사후 일본에서 몬무 천황이 재위하는 등으로 두 인물의 양국 연관성을 제기하는 연구도 있는 것을 볼 수 있다.

앞에서 설명한 기토라 고분과 다카마츠츠카 고분은 고구려 고분 벽화와 같은 모습이 확인되면서 서로 비교 분석하는 많은 연구가 이루어지고 있다. 두 곳 모두 규모나 고분의 형상이 비슷하지만 세밀하게 보면 다른 부분도 많다. 양쪽에는 공통으로 사신도와 천문도가 그려져 있지만 벽화의 그림 모습과 세부 표현은 차이가 있다. 표현 방법에서는 기토라 고분보다는 다카마츠츠카 고분의 표현이 보다 성숙된 모습으로 보이고 일부는 간략화된 모습으로 보인다.

천장의 천문도를 보면 다카마츠츠카 고분은 간략히 그려져 있으나 기토라 고분은 정밀하게 그려져 있는 것을 알 수 있다. 사신도와 일상, 월상 이외에 기토라 고분은 동물 머리에 사람 모습의 복장을 한 12지신상이 그려져 있는 것에 반하여 다카마츠츠카 고분에는 남녀 군상이 그려져 있는 것이 특이하다. 석실 천장의 형태와 석재 조립 방법에도 다소 차이가 있다. 모두 아스카, 후지와라 시대 말부터 나라 시대 초까지 걸쳐서 만들어졌던 것으로 알 수 있으나 기토라 고분이 다카마츠츠카 고분보다 약간 오래된 것으로 보고 있다.

조금 놀라운 것은 고구려 고분 벽화와 다카마츠츠카 고분 벽화의 여인상에 나오는 여인이 입고 있는 치마가 나라 도다이지의 쇼소인의 보물로 남아 있는 것이다. 8세기의 여인들의 치마 모습을 발굴된 고분의 벽화를 보면서 알게 되고 그 그림에 보이는 치마의 실물이 온전한 모습은 아니지만 보물로 보존되고 있는 것을 알게 되었다. 다카마츠츠카 고분 답사는 우리가 한일 고대사와 발굴된 유물, 유적들을 알게 되면 될수록 한반도와 더 많은 연장선상에서 연관성을 생각하게 되는 놀라운 곳이라는 생각을 하게 한다.

4.
스다하치만隅田八幡 신사의 인물화상경人物畵像鏡

스다하치만(隅田八幡) 신사는 JR 와카야마(和歌山)선 스다(隅田) 무인 역에서 내려 도보로 20분 정도 거리에 있다. 그런데 이곳은 아주 외진 시골 지역이라 기차도 자주 안 다녀 미리 시간 계획을 잘 해서 다녀와야 되는 곳이다. 이 지역은 나라에서 조금 떨어진 와카야마현의 작은 마을이다. 그래도 오사카나 다른 지역에서 가는 것보다는 아스카 지역에서 가는 것이 다녀오기에는 접근이 다소 용이한 면도 있고 아스카 지역과 같은 역사적 시대 배경으로 볼 수 있는 곳이라서 이 책에서 소개한다.

스다하치만 신사에 전하는 인물화상경은 직경 19.8㎝, 무게 1,434g 정도의 규모이다. 뒷면에는 인물과 기마상을 표현한 화상문이 그려져 있다. 바깥쪽에는 이 동경의 특징으로 48문자로 이루어진 명문이 있고 이 명문에 대하여는 여러 가지 설이 있으나 대체로 다음과 같은 내용이다.

癸未年八月日十大王年男第王在意紫沙加宮時斯痲念長寿遣開中費直穢人

今州利二人等取白上同二百旱作此竟

명문 앞부분의 계미년(癸未年)은 십이간지를 조합해서 60년에 1회식 순환하는 기년으로 연대를 추측할 수 있으나 명문 중 한자의 음을 빌려서 표기한 고유명사를 어떻게 해석하느냐에 따라서 연대가 달라진다. 383년, 443년, 503년의 어느 하나로 생각 하는 것이 일반적이다.

명문 해석의 일례는 이렇다.

계미년 8월 10일 남제왕이 의자사가궁에 있을 때에 사마가 장수를 기원해서 개중비직과 예인 금주리(開中費直穢人今州利) 2명 등을 파견해서 백상동 200량으로 동경을 만들었다.

그러나 문자의 해석이나 명문 중의 인물을 누구라고 비정하는 것이 이론이 많아 지금도 정설이 나오지 않고 있다.

일본에서는 고고학적으로 이 동경은 외국에서 배로 들여온 화상경을 본보기로서 제작했던 것으로 추측하고 있다. 이 원형경과 비교하면 뒷면의 화상은 거꾸로 돌아서 배치된 것으로 생각된다는 것이다. 도상의 구도가 좌우 역전하여 거꾸로 도는 것은 본보기가 되는 동경을 그대로 주형에 베껴 더 잘 보이게 본뜬 거울(仿製鏡)의 특징이라는 것이다.

원형으로 여겨지는 동경은 오사카부 야오(八尾)시의 코리가와(郡川) 고분 등에서 출토되어 이들 고분이 400년대 후반부터 500년대 전반으로 보여지는 것으로부터 계미년은 443년 또는 503년으로 추정된다.

이 동경을 언제쯤 스다하치만(隅田八幡) 신사에서 소장하게 되었는지는 확실하지 않다. 에도 시대 후기에 편찬된『기이속풍토기(紀伊続風土紀)』,『기이국명소도회(紀伊国名所図会)』에는 이 동경에 관한 기술이 있다. 아주 오래 전부터 신령스러운 보물로 스다하치만(隅田八幡) 신사에 전해지고 있다고 한다.

스다하치만(隅田八幡) 신사

해석에 대한 여러 가지 설이 있고 출처에 대하여도 명확하지 않지만 약 1,500여 년 동안 아주 선명한 형태의 글자가 남아 있는 일본 최고의 금석문의 하나로서 귀중한 자료인 것은 분명하다.

이 거울의 명문을 앞에서 개략적으로 해석하고 있으나 명문 중의 몇 개의 단어를 좀 더 살펴보면 한일 고대사의 의혹을 좀 더 깊이 알 수 있는 계기가 될 것이다.

여기에 나오는 사마(斯麻)를 좀 더 알아볼 필요가 있다. 1971년 7월

공주 무령왕릉 내에서 출토된 지석(誌石)에 "영동대장군(寧東大將軍) 백제(百濟) 사마왕(斯麻王)이 계유년(523년) 5월에 붕(崩)하였다."라는 기록이 나온다. 그리고 『일본서기』 유라쿠(雄略) 천황 5년 461년에 무령왕의 어머니가 일행과 함께 백제에서 일본으로 가는 길에 규슈 앞 바다의 조그마한 섬 가카라시마(各羅島)에서 무령왕의 출생 기록 등을 고려할 때 스다하치만(隅田八幡) 신사 인물화상경의 명문에 나오는 사마(斯麻)와 무령왕릉의 지석에 있는 사마(斯麻)를 동일 인물로 보는 해석이 자연스럽다고 생각할 수 있다.

그리고 무령왕은 502년 동성왕의 뒤를 이어 25대 백제왕이 되는 시기에 일본에서 한반도로 들어온 것을 알 수 있다. 출생부터 왕이 되기까지 얼마 동안 일본에서 생활했는지는 알 수 없으나 일본 내에서 많은 인물들과 관계를 갖고 있었을 가능성은 추측해 볼 수 있다.

정확하지 않았던 무령왕에 대한 위상은 무령왕릉에서 나온 지석의 내용으로 알 수 있게 된다. 왕의 사망 때에 쓰는 한자를 주로 황제의 죽음에만 쓰는 문자인 '붕(崩)'으로 쓴 것을 볼 때 무령왕 시대가 큰 제국을 이루고 있었다는 것을 알 수 있다.

스다하치만(隅田八幡) 신사의 인물화상경

인물화상경 명문의 내용은 '백제 무령왕이 왕이 된 익년 503년 일본 내에서 관계가 있는 남제왕(男第王)의 장수를 기원하면서 개중비직(開中費直)과 예인 금주리(穢人今州利) 2명 등을 파견해서 백상동 200량으로 동경을 만들었다.'고 해석하는 게 여러 정황으로 봐서 적당해 보인다.

그리고 이 명문의 남제왕(男第王)은 일본어로 '오오토'로 읽는데 26대 게이타이(継體) 천황이 『일본서기』에는 오오토노오오기미(男大迹王)로 『고사기』에는 오호토노미고토(袁本杼命)로 표기된 것 등으로 게이타이 천황으로 보는 경우가 많다. 일본 내에서 무령왕 사마와 남제왕은 구체적으로 어떤 관계였는지는 불확실하나 위와 같은 내용의 명문의 동경을 보낼 정도라면 돈독한 관계였던 것으로는 추론해 볼 수 있다. 이후에 게이타이 천황의 황후인 다시라카(手白香) 황후도 무령왕의 딸이라는 연구가 있는 것 등으로 미루어 보아, 스다하치만 신사의 인물화상경은 한일 고대사의 연관된 내용을 깊이 있게 추적해 가는 데 많은 관심이 필요한 유물인 것은 사실이다.

5장

호류지法隆寺가 있는 이카루카斑鳩 지역

1.
호류지法隆寺, 쇼토쿠聖德 태자, 구세 관음상救世觀音像

호류지(法隆寺)는 일본에서 1,400여 년 이상 된 역사 유적지이고 이곳의 유물들은 일본의 다른 지역의 유물들과는 많이 다른 특성을 갖고 있다. 그리고 이곳의 금당벽화를 고구려에서 건너간 담징이 그렸다는 사실과 백제라는 이름이 붙은 구다라(百濟) 관음 불상 등 한반도와의 관계를 유추할 수 있는 수많은 유물들이 남아 있는 곳이기에 우리에게는 아스카·나라 지역을 방문할 때 우선적으로 찾아볼 곳 중에 한 곳이다.

호류지는 JR 야마토로(大和路)선의 호류지역에서 내려 15분 정도 걸어가면 나온다. 또한 나라(奈良)에서는 나라시, 니시노교(西の京), 이카루가(斑鳩)를 회유하는 버스를 이용하여 호류지마에(法隆寺前) 버스 정류소에 내리면 된다. 이 버스는 1시간에 1대 정도 운행하니 시간 계획을 잘 해야 한다.

호류지로 들어가는 입구에 위치한 '호류지 i 센터'는 호류지와 이카루가 지역에 대한 정보를 제공하는 곳이므로 미리 들러 많은 정보를 수집하는 것도 좋을 것이다. 이 지역은 현재 일본에서도 많은 존경을 받고 있는 쇼토쿠(聖德) 태자와 깊은 관계가 있는 곳이라서 이 센터에서도 6~7세기의 태자에 대한 많은 내용을 안내하고 있었다.

호류지 i 센터 뒤쪽으로 나가서 양쪽에 오래된 소나무로 둘러싸인 산도(参道: 참배로)를 따라 200m 정도 들어가면 이 절의 정문인 남대문을 지나 서원 가람의 중문을 들어가게 되고 오중탑과 금당이 나온다.

『일본서기』에는 593년에 "우마야도요사도미미(厩戸豊聡耳) 황자를 황태자로 세워 정무를 맡겼다."고 기록되어 있는데 이것이 '섭정 쇼토쿠 태자의 탄생'이라고 부르는 것이다. 그 후 605년 쇼토쿠 태자는 이카루카(斑鳩)궁에서 생활하면서 이카루카궁[현재의 토인(東院), 유메도노(夢殿)] 옆에 호류지를 창건하고 7세기 초 이카루카에서 여러 가지 역사, 문화를 남긴다.

호류지는 1993년 12월에 유네스코 세계유산에 히메지 성과 함께 일본에서 최초로 등록된 곳으로 세계적으로 주목을 받고 있는 곳이기도 하다. 또한 이곳은 6세기 중엽 아스카 시대의 모습을 현재에 볼 수 있는 사찰로서 현존하는 세계에서 가장 오래된 목조 건축물이라고 하는 금당과 오중탑 등 귀중한 건축물과 보물들이 넓은 경내에 산재해 있다. 경내에는 아스카 시대 이후 약 190종류, 2,300여 점이 국보급 보물로 보존되고 있다.

이 절은 워낙 유물이 많아 절 내에서도 많은 보물들을 볼 수 있지만 동경 국립박물관에도 별도의 건물로 지어진 '호류지(法隆寺) 보물관'에서 약 300여 점을 보관하면서 전시하고 있다.

이 절의 유래는 다음과 같다. 요메이(用明) 천황이 자신의 병을 치유하기 위해 절과 불상을 건립하도록 명하였으나 그 완공을 보지 못하고 세상을 떠난다. 이후 스이코(推古) 천황과 쇼토쿠 태자가 요메이 천황의 유언을 받들어 607년에 이 절과 본존 약사여래상을 건립한 것이다. 또한 『일본서기』에는 670년 4월 30일 심야에 호류지가 화재로 완전 소실되었다고 기록되어 있다. 이 기록에 대하여 많은 논란이 있으나 현재에도 이 절은 유서 깊은 전통을 전해 주고 있는 곳이다.

약 18만㎡에 달하는 광대한 경내를 가진 호류지는 오중탑과 금당을 중심으로 하는 사이인(西院) 가람, 불상과 보물이 안치되어 있는 다이호조인(大宝藏院), 유메도노(夢殿)을 중심으로 하는 도인(東院) 가람으로 나누어져 있다.

사이인 가람의 중문(中門)과 회랑(回廊)은 아스카 시대에 건축된 것이고 8세기의 나라 시대에 만들어진 육중한 대문과 좌우에 배치된 금강역사상(金剛力士像)은 동서로 길게 이어진 회랑의 창살과 대조적으로 잘 배치되어 있어 나란히 세워진 탑과 금당을 위엄스러운 모습으로 지키고 있다. 그 뒤로 대강당이 정면에 서쪽에 경당, 동쪽에 종각이 세워져 있는 가람 배치를 '호류지식'이라고 한다.

호류지(法隆寺) 서원의 오중탑과 금당

저자가 방문했을 때는 3년 반 기간으로 국보인 중문과 중요 문화재인 금강역사상의 보존 수리 공사가 진행되고 있어 실물을 볼 수 없는 아쉬움은 있었다. 특히 나라의 오래된 여러 사원을 방문하다 보면 사원 내의 한두 군데의 건축물은 보수 공사를 하고 있었다. 실물을 직접 보지 못하는 아쉬움은 있었으나 훼손되어 가는 옛 건축물들을 그대로 방치하기보다는 계속 수리·보존하는 편이 낫다고 본다. 미래에 제대로 된 모습으로 남겨지는 것을 생각하면 그 의미는 더 크다는 생각이 든다.

호류지의 본존 불상이 안치된 본당이 금당이다. 이곳에는 쇼토쿠 태자를 위해 건조된 아스카 시대의 금동 석가삼존상과 부왕인 요메이 천황을 위해 건조된 금동 약사여래좌상이 있고 가마쿠라 시대에 부인인 아나호베노하시히토 황후를 위해 건조된 아미타여래좌상과 하쿠호(白鳳) 시대에 만들어져 이들을 수호하는 사천왕상이 있고 이밖에도 헤이안 시대 불상인 목조 길상천(吉祥天)입상, 비사문천(毘沙門天)입상 등 여러 시대의 불상들이 안치되어 있다. 그리고 주위의 벽면에는 담징이 그렸다고 알려진 벽화가 그려져 있었는데 1949년 소실되어 현재는 모조 벽화가 보여지고 있다.

금동 약사여래좌상 광배의 뒷면에는 스이코 천황과 쇼토쿠 태자가 스이코 천황 15년 607년에 이 절을 건립했다고 하는 의미의 명문이 조각되어 있어 건립 시기를 가늠할 수 있는데 이 명문이 그 당시의 것인지 여부는 불확실하다고 한다.

바로 옆의 오중탑은 아스카 시대에 건축된 것이며 석가모니의 사리를 봉안하기 위한 탑으로 불교 사원에서 가장 중요시하는 건축물이다. 높이는 32.5㎜로 일본에서 가장 오래된 오중탑이다. 이 탑의 최하

층 안쪽에는 나라 시대 초기에 만들어진 소상(塑像)들이 많이 안치되어 있다. 동쪽 면에는 유마거사(維摩居士)와 문수보살(文殊菩薩)이 문답하는 장면, 북쪽 면은 석가모니의 입적 장면, 서쪽 면은 석가모니의 사리 분할 장면, 남쪽 면은 미륵보살(彌勒菩薩)의 설법 장면이 있다.

오중탑 뒤편에 있는 경당(經堂)은 경전을 보관하는 시설로 건립된 곳이다. 현재는 천문과 지리학을 일본에 전했다는 백제 학승 관륵승정(觀勒僧正)상으로 전해 내려오는 좌상을 안치하고 있다.

쇼료인(聖靈院)은 서원에서 다이호조인(大宝蔵院)으로 가는 길목에 있는 건물로 가마쿠라 시대에 쇼토쿠 태자 신앙에 대한 관심이 높아진 이후 쇼토쿠 태자의 존상이 안치되어 있는 불당이다. 이곳에는 비불로 국보급의 불상들이 있다. 고구려에서 온 쇼토쿠 태자의 스승인 혜자법사상(惠慈法師像), 쇼토쿠태자상, 태자의 동생들인 졸말여왕상(卒末呂王像), 식율왕상(殖栗王像), 쇼토쿠 태자의 아들인 산배대형왕상(山背大兄王像), 그리고 지장보살상(地藏菩薩像), 여의륜관음상(如意輪觀音像)이 있다.

다이호조인은 쇼료인에서 조금 왼쪽 뒤의 건물이다. 이곳에는 유메치가이(夢違) 관음상, 스이코(推古) 천황 소유의 불전이라고 전해지는 다마무시노즈시(玉蟲厨子) 감실, 연꽃 위의 금동 아미타 삼존불을 본존으로 하고 있는 다치바나부니노즈시(橘夫人厨子) 감실, 백만탑, 백단향으로 만들어진 구면 관음상, 촉강금(蜀江錦), 천인(天人)이 그려져 있는 금당 소벽화 등 아스카 시대부터 1,400여 년에 걸쳐 수많은 국보급 문화재들이 보관되고 있다.

그리고 이 다이호조인 안에 구다라(百濟) 관음당을 1998년에 별도로 설치하여 세계적으로 유명한 구다라 관음상을 별도로 안치하고 있다. 구다라 관음상은 뒤에서 좀 더 세밀하게 살펴본다.

구다라 관음당을 나와 동쪽으로 조금 걸으면 호류지의 동원의 중심이 되는 유메도노(夢殿)에 들어선다. 유메도노라는 낭만적인 명칭은 쇼토쿠 태자의 꿈에 부처가 나타나 불경의 어려운 부분을 가르쳐 주었다는 전설과 관련이 있다. 739년 쇼토쿠 태자의 이카루카 궁터에 교오신(行信) 스님이 팔각원당을 건립하여 쇼토쿠 태자를 공양한 곳인 조구오인유메도노(上宮王院夢殿)에서 나온 이름이다.

팔각형 불당 중앙의 감실에는 쇼토쿠 태자의 실물 크기라는 구세관음상(救世觀音像)이 중앙에 있고 그 주변에는 성관음보살상, 쇼토쿠 태자의 효도상, 교오신 스님의 건칠상, 헤이안 시대에 유메도노를 수리한 도센(道詮) 율사의 소상 등이 있다. 이곳은 1년에 2번(봄: 4월 11일~5월 18일, 가을: 10월 22일~11월 22일)만 공개를 하며 그 시기에는 전국에서 수많은 사람들이 몰려들어 오랜 시간을 기다리면서 관람한다.

호류지(法隆寺) 동원의 유메도노(夢殿)

구세 관음상은 호류지에 있는 다른 어떤 불상보다도 가장 많은 의혹을 가진 불상이다. 에도 시대에 봉인되어 있어 어느 누구도 보지 않은 상태로 있을 때 1884년 동양미술사가인 미국인 어니스트 페노로사가 메이지 정부의 공식적인 보물 조사를 위해 호류지에 방문하여 약 500야드나 되는 하얀 천으로 먼지와 함께 쌓여 있는 구세 관음상을 개봉한다. 그 개봉 당시의 페노로사의 느낌을 『동아미술사강(東亞美術史綱)』에 기록하고 있다.

> … 세계에서 유일한 조각상은 수 세기 만에 사람의 눈에 들어왔다. 그것은 사람 크기보다도 다소 큰 크기이고 전신이 도금되어 있는데 지금은 황갈색이 되어 있다. 머리에는 조선풍의 금동으로 조각한 특이한 관이 장식되어 있다. … 이 조각상은 조선에서 만든 최상의 걸작이고 …

쇼토쿠 태자의 실물상이라고 많이 알려져 있으나 일본 불교 문화 역사서인 『부상략기(扶桑略記)』 스이코(推古) 천황 1년에 "금당에 안치된 구세 관음상은 백제왕이 죽은 뒤 국왕을 연모하며 만든 불상이며 백제국에 있을 때에 불상, 불경, 비구니 등이 바다를 건너 일본으로 왔다."라고 하는 기록이 있는 것 등으로 볼 때 일본 내의 다른 불상과는 확연히 다른 모습으로 한반도에서 넘어왔다는 의혹이 남아 있는 조각상이다.

페노로사는 일본 불교 미술품에 많은 기여를 하며 교토 옆의 시가현 미이데라(三井寺)에서 수계를 받아 불교도가 되었고 일본 미술을 서양에 소개하는 등 많은 활동을 했다. 사망 후에는 수계를 받은 미이데라에 묘가 만들어졌으며 지금도 그곳에 가면 그 유적지를 볼 수 있다.

유메도노 옆에 덴포도(傳法堂) 불당이 있다. 이곳은 쇼무(聖武) 천황의 부인인 다치바나노고나가치(橘古那可智)의 저택을 불당으로 개조한 건물로 불당 안에는 3조의 건칠 아미타 삼존상을 비롯하여 많은 불상이 안치되어 있다.

일본의 많은 절을 다녀봤어도 호류지는 일본의 다른 어떤 절과는 많이 다르다는 느낌을 갖는다. 1,400여 년의 모습을 편안하고 안정되게 유지하고 있기도 하지만 한반도와 관련된 많은 이야기들이 남아 있고 그 유물들을 직접 볼 수 있는 곳이라서 더 많이 마음이 와닿은 곳인지도 모르겠다. 앞에서 살펴본 유물 이외에도 이곳과 관련된 수많은 국보나 중요 문화재들도 꾸준히 관심을 가지고 살펴보면 놀랄 만한 이야기들을 찾아낼 수 있는 곳이라 생각한다.

2.
구다라 관음상百濟觀音像

구다라 관음(百濟觀音)에 대하여 우리가 많은 관심을 갖는 것은 불상의 아름다움도 있지만 이름에 백제가 들어가 있기 때문이기도 하다. 백제라는 이름이 들어간 현재의 이름으로 불린 것은 메이지 시대의 일이라고 한다. 그럼에도 이 불상이 백제에서 건너왔는지, 누구를 모델로 한 것인지, 누가 무슨 이유에서 만들었는지 등 궁금한 것이 많이 있다.

현재는 호류지(法隆寺)의 구다라 관음당(百濟觀音堂)에 큰 방을 차지하여 규모 있게 전시하고 있지만 1992년 저자가 호류지를 방문하여 최초로 이 불상을 봤을 때는 다이호조인(大宝蔵院)의 한쪽 모퉁이에 서 있는 모습이었다. 당시 불상의 이름도 놀라웠고 큰 키의 특이한 모습과 고대 시대의 목제 불상이 그대로 남아 있는 것 등은 지금도 잊히지 않는다.

현재도 백제라는 이름으로 일본을 대표하는 아름다운 목조 불상의 모습은 잘 알고 있으나 좀 더 깊이 있는 내용을 알기에는 많은 어려움이 있었다. 그러던 중 역사 작가로 유명한 세키 유지(関裕二)의

『구다라 관음(百濟觀音)의 정체』에서 그동안 궁금했던 내용을 많이 알게 되었다.

잘 알려지지 않은 구다라 관음의 구체적인 의혹에 대하여 호류지 금당에 있는 사천왕입상(四天王立像)과 연관 지어 실마리를 찾아간다. 사천왕입상은 후대의 상들과 비교할 때 다른 점이 많다. 표정도 온화하고 입은 옷도 보기에 무서워 보이는 갑옷이 아니며 전체 분위기도 구다라 관음과 많이 비슷한 느낌이 든다.

그런데 사천왕입상 중에 광목천상(廣目天像)의 광배에 '야마구찌노오오구찌노아타이(山口大口 費)'라는 불사(佛師)의 이름이 조각되어 있다. 『일본서기』 650년 조에 '아야노야마구찌노아다이오오구찌(漢山口直大口)'라는 같은 이름으로 추정되는 인물이 나온다. 여러 정황을 볼 때 구다라 관음도 사천왕입상과 함께 '아야노야마구찌노아다이오오구찌'라는 공인에 의해 만들어진 것으로 추론할 수도 있다.

아야노야마구찌노아다이오오구찌는 도래계 야마토노아야(東漢) 씨의 동족이다. 야마토노아야 씨에 대해서는 아스카 남서부에 오미아시(於美阿志) 신사와 히노쿠마데라(檜隈寺) 유적 등이 남아 있고 일본 고대 아스카 시대에 도래계 권력자인 소가(蘇我) 씨와 함께 많은 활동을 한 호족인 것을 앞 장에 설명한 바 있다.

그리고 구다라 관음이 아스카 시대의 불상임에도 호류지의 여러 기록에는 나타나지 않는다. 나라 시대의 『호류지 가람 엔기(緣起) 병류기자재장(幷流記資財帳)』, 헤이안 시대의 『금당 일기』, 가마쿠라 시대의 『쇼토쿠 태자 전사기(伝私記)』 등에도 해당되는 기록이 나타나지 않고 있다. 기록에 처음 나타나는 것은 1698년의 『와슈(和州) 호류지 당사영험(堂社靈驗) 병불보살 수량 등(幷佛菩薩 数量 等)』에 "금당에서 제사 지내던 허공장보살(虛空藏菩薩)이 백제국으로부터 왔다. 다만 천축의 상이다."라고 기록되어 있다. 그래서 허공장보살이 구다라 관음으로 여겨져 왔던 것이다.

현재 호류지에 소장하고 있는 다마무시노즈시(玉蟲厨子)가 아스카무라(明日香村)에 있는 다치바나데라(橘寺)에서 옮겨온 것으로 알려져 있어 구다라 관음도 확실하지는 않지만 이 절에서 옮겨온 것은 아닌가 추측하기도 한다.

이렇게 구다라 관음에 대하여는 확실한 것이 없어 여러 추측이 많으나 그중에 구라니시 유우고(倉西裕子)가 『국보 구다라 관음은 누구인가?』에서 제시한 7가지 의혹을 소개한다.

첫 번째, 당시의 불상은 6등신이 대부분인데 구다라 관음은 209㎝로 8등신이다.
두 번째, 광배 지주가 대나무로 되어 있다. 보통 불상의 광배는 머리와 등에 붙어 있으나 구다라 관음은 대나무가 겉으로 보이기에 그럴싸하게 보이는 지주 형태를 하고 있다.
세 번째, 구다라 관음은 7세기에 만들어진 것으로 생각되나 정확하지가 않다. 기록에 등장하는 것도 에도 시대 초기이다.
네 번째, 구다라 관음은 일부를 제외하고 일본의 녹나무로 만들어져 있는데 백제 등의 이국으로부터 전래되었다고 한다.
다섯 번째, 일반적으로 불상은 몸통과 의복이 일체화되어 만들어지는데 구다라 관음은 팔뚝에서 옷이 흘러내리도록 만들어져 있다.
여섯 번째, 누가 발원했고, 무엇을 목적으로 만들어졌으며, 최초에는 어디에 안치되어 있다가 어떻게 호류지로 이전되어 왔는지 등의 내력을 알 수 없다.

일곱 번째, 팔과 손의 실재성과 두 발의 모습 등으로 대상이 되었던 인물이 있었다고 생각된다.

구다라 관음은 백제에서 왔는지, 일본에서 누구를 모델로 만들어졌는지에 대한 많은 추측이 있으나 그중에 나가노오에(中大兄) 황자[후에 덴지(天智) 천황]를 모델로 만들어졌다는 이야기가 있다. 삼국통일 전쟁에서 패한 백제를 구원하기 위해 663년에 백촌강(白村江) 전투에 구원병을 보낸 황자의 어머니 고교쿠(皇極) 천황은 전승을 기원하며 아들을 모델로 구다라 관음을 만들었다는 것이다.

구다라 관음이라는 명칭은 1886년 호류지의 보물 조사가 실시될 때에 목록에 '조선풍 관음'이라고 표기가 되어 있고 1919년에 와쯔지 데즈로(和辻哲郎)의 『고사 순례(古寺巡礼)』라는 책에서 구다라 관음이라고 쓰여지면서 시작된 것으로 알려지고 있다.

많은 문학하는 사람들이 구다라 관음을 보고 절찬을 아끼지 않은 글을 남겼다. 그중에 문예평론가 가네이 가쯔이치로(龜井勝一郎)는 『대화고사풍물지(大和古寺風物誌)』에 구다라 관음 앞에 서서 다음과 같이 감탄하는 내용을 서술하고 있다.

> 구다라 관음을 보면서 나는 문득 고난받은 성모 마리아를 생각했다. 어깨로부터 팔, 가슴으로부터 눈동자에 걸친 훌륭한 부분과 다리를 따라 흐르는 비단 주름 등은 대단히 비슷한 모습이다. 그러나 구다라 관음에게는 어떤 기도하는 모습은 없었다. 그래서 고난받은 관음은 아니라는 생각은 든다.

너그러운 미소를 보이면서 지상을 갈망하는 듯한 자세이다. 형언할 수 없이 뛰어난 운치와 한없이 넓고 끝없는 모습의 정신이 인간상에 접근하면서 어디에서도 보기 어려운 여유롭게 걸어가는 자세이다. 하늘 나라에서나 보이는 동화적 모습이다.

그리고 와쯔지 데즈로는 『고사순례』에서 다음과 같이 절찬하고 있다.

추상적인 '하늘'이 구체적인 '불상'으로 변화했다. 이런 경이로움을 우리는 구다라 관음으로부터 느끼게 된다. 인체의 아름다움과 자비의 귀한 마음을 통해 갓난아이와 같이 신선한 감동에 의해서 맞이하는 과도기의 사람들은 인간의 자세에 대한 초인적 존재의 표현을 겨우 이해하는 데 도달했다.
신비한 것을 눈으로 보고 자기 자신에게 가까운 것으로서 느끼는 것은 사람들에게는 세상이 변하는 정도의 일이다. 사람들은 새로운 눈으로 인체를 바라보며 새로운 마음으로 인간의 정서를 느끼고 그 헤아리기 어려운 깊이를 느낀다. 그곳에 정토의 상징이 있다.

구다라 관음상이 호류지에는 어떻게 들어오게 되었는지, 한반도와는 어떤 연관을 갖고 있는지 등 아직도 풀리지 않은 의혹이 많지만 일본에 있는 여러 다른 불상과는 많이 다른 모습을 하고 있으면서 일본 내에서도 가장 아름다운 불상으로 알려져 전 세계에 일본을 대표하는 불상으로 알려왔던 것은 누구도 부인하기 어렵다. 영국, 프랑스 등 세계 여러 나라에 일본을 알리는 불상으로 전시회를 하는 기사를 본 적이 있다. 현재까지 알려진 연구와 지식으로는 아직 의혹을 해소

하기에는 부족한 면이 있는 것 같다. 지속적 관심과 깊이 있는 통찰이 필요한 유물임에는 틀림이 없다.

3. 후지노키藤の木 고분

호류지(法隆寺) 앞의 호류지 i 센터에서 후지노키(藤の木) 고분으로 가는 중간에 '이카루카(斑鳩) 문화재 센터'가 있다. 이곳은 후지노키 고분에서 출토된 부장품들을 상설 전시하고 있는 곳이다.

이 센터의 마당에는 후지노키(藤の木) 고분 내의 집 모양 석관을 발굴 당시의 모습으로 재현해 놓았는데 바깥을 빨간색으로 칠해 둔 모습이 인상적이었다.

이 센터에서 전시실로 들어가는 복도에도 무덤 내의 연도의 모습과 석관이 있는 고분 내의 모습 등을 재현해 놓았다. 안내하시는 분이 아주 친절하고 상세하게 설명을 해 주어 많은 도움이 되었다.

이카루카(斑鳩) 문화재 센터

이카루카 문화재 센터를 나와 건물 뒤로 돌아가면 바로 잘 정돈되어 있는 후지노키 고분과 마주한다. 이 고분은 입구에 유리창을 만들어 안을 들여다볼 수 있게 해 놓았다. 석실에 이르는 연도, 연도를 지나 나오는 석실의 모습과 붉은색으로 칠해져 있는 집 모양의 석관 등을 고분 안의 모습 그대로 볼 수 있다.

이카루카 지역에는 4세기에서 7세기에 걸친 각 시기의 고분이 여러 곳에 분포하고 있다. 특히 이카루카의 역사를 생각할 때 쇼토쿠 태자가 아스카를 떠나 이카루카로 이전하기 전에 후지노키 고분이 조영되어 있었다는 사실은 그 이전부터 이곳이 일본에서 중요한 역할을 한 지역임을 알 수 있는 단서가 된다.

후지노키 고분은 호류지에서 남서 방향으로 약 400m 거리에 떨어져 있는 곳에 있다. 직경 50m 이상의 원분으로 6세기 후반에 축조된 것으로 추정된다. 1985년과 1988년에 발굴 조사를 할 때 횡혈식 석실 내에 붉은색을 칠한 커다란 집 모양의 석관, 토기류, 그 외에 마구류 등이 발굴되었다.

발굴 결과 석관 내는 도굴로 인한 피해가 없었던 것으로 알려졌다. 매장 당시의 모습 그대로 남아 있었다고 한다. 17~25세의 남성과 20~40세의 성 구분이 불확실한 피장자 2구의 유구가 놓여 있었다.

또 석관 내에는 각종 금속제의 옥류, 유리옥 등의 장신구, 금동관, 금동제 신발, 요대 등의 금속 제품, 동경, 옥장식 대도, 도검류 등 다수의 부장품이 출토되었다. 또 유구를 덮고 있었던 것으로 여겨지는 섬유 제품도 나왔다고 한다.

후지노키(藤の木) 고분 밖에서 들여다본 석실과 석관

그리고 고분에서 출토된 많은 부장품에서도 시사하는 바가 많다. 그중에 이곳에서 발굴된 스에키는 6세기 말에서 7세기 초의 백제 시대의 것으로 추정되는 논산과 남원 출토의 토기들과 유사한 것을 알 수 있어 많은 관심을 끌었다.

석관에서 발굴된 금동제 말안장은 목제의 안장 정면에 장식이 붙어 있는 금 장식구이다. 장식이 우수하고 육각형으로 구분된 공간 안에는 봉황, 용이 좌우 대칭으로 조각되어 있다. 그 밖에도 사자, 코끼리, 귀신 얼굴, 당초 등의 문양이 아주 섬세하게 조각되어 있는 형상을 하고 있다. 이 육각형 문양은 백제 무령왕릉의 출토품 중에 많다. 왕비의 목제 베개에는 금박의 육각형 문양이 보이고 그 안에 봉황, 용, 연화문 등이 그려져 있는 것을 볼 수 있으며 무령왕의 다리 받침대에도 금선의 육각형 문양이 있는 것을 볼 수 있다. 또한 경주 황남대총의 은제 작은 술잔 등에서도 육각형 문양이 보이는 것을 알 수 있다.

그리고 고구려 집안의 고분에서 발굴된 금동제 말안장은 안에 당초 문양이 조각되어 있고, 경상도 경주 노동동의 신라 시대 식리총 고분의 금동제 말안장은 좌우에 용과 그 위에 봉황이 조각되어 있으며, 고령의 대가야 시대 출토 금동제 말안장 유물에는 당초 문양이 조각되어 있는 것 등으로 보았을 때 후지노키 고분의 금동제 말안장은 한반도의 고구려, 신라, 가야의 출토품과 깊은 연관성을 보이고 있다.

부장품 중에 금동제의 신발이 4개가 나왔다. 이것은 일본 내의 백제와 깊은 관계가 있는 곳으로 알려진 규슈 구마모토(熊本)현의 에다후나야마(江田船山) 고분, 공주 무령왕릉, 나주 신촌리 9호분의 출토품과 많이 유사한 것을 알 수 있다. 그리고 발굴된 마구는 가야의 무덤에서 주로 나오는 마령과 깃발 꽂이 철기 등과 유사하다.

이곳에서 발굴된 원두대도는 손을 쥐는 부분이 은선으로 감겨 있고 금동제의 원형 모습 등이 한반도의 출토 대도와 같다고 보고 있다. 그리고 부장품 중 통형금동제품은 다른 고분에서 잘 출토되지 않는 모양인데, 고구려 고분 벽화에 그려진 허리에 차는 북과 형태가 비슷하여 그것과 연관이 있을 것으로 보는 연구도 있다.

관(冠)은 두 개의 산이 있는 띠(帶)에 나무와 새 등의 장식이 있는 모습으로 한반도의 것과는 조금 다른 모습으로 일본에서는 유사한 모습이 출토되었으나 동경, 큰 띠(帶)와 장식품 등의 부장품들에서도 한반도에서 발굴된 것과 많은 유사한 점 등으로 고대 한반도와의 관계를 추적하는 데 좋은 실증 자료가 되고 있다.

일본 고분 시대 초·중기인 4~5세기의 고분에는 동경이 다수 부장되어 있었으나 그 후의 고분에는 동경이 거의 부장되지 않고 있음에도 후지노키 고분 석관에서 4개의 동경이 출토된 것은 아직까지도 피장자가 누군지 알 수 없는 상황에서 피장자를 추론하는 힌트가 되고 있다.

후지노키 고분의 피장자가 누구인지에 관한 많은 연구가 있으나 정확하게 가려지지 않고 있다. 그런데 옆에 있는 호류지에 이 고분과 관련된 많은 자료가 남아 있다. 그중에 이 고분이 있는 곳을 천황이나 황후의 무덤을 부르는 미키사기(陵), 미키사기야마(陵山)라고 부르고 있는 데 반해 이 주변의 많은 고분들은 츠카(塚)라고 부르는 차이를 발견할 수 있다.

아직도 누가 이 고분의 피장자인지는 명확하지 않으나 여러 가지 근거를 제시하면서 추론하는 많은 설이 있다. 이 지역의 강력한 호족이었던 모노노베(物部) 씨의 묘라는 설, 소가(蘇我) 씨 계열의 황자라는 설, 즉 긴메이(欽明) 천황의 황후인 오아네노기미(小姉君)와 그의 자식으로 비운의 죽음을 맞이한 스쥰(崇峻) 천황이라는 설, 스에키, 금동제 마구, 신발 등 무령왕릉의 출토품과 흡사한 점으로부터 백제 왕족과 가까운 인물이라는 설, 그리고 그 당시 그 지역의 유력 호족이었던 가시(膳) 씨, 헤구리(平群) 씨, 기(紀) 씨라는 설 등 다양한 연구가 이루어지고 있다.

이곳에서 발굴된 많은 부장품들과 한반도의 고구려, 백제, 신라, 가야 등에서 발굴된 수많은 고분들의 부장품들과의 많은 연관성으로 한반도와 깊은 인연이 있는 피장자를 추론할 수 있고 좀 더 관심 있게 추적하면 더 많은 자료들이 나올 것으로 생각한다.

이곳에서 옆에 있는 호류지(法隆寺)로 향한다. 고분 앞에 호류지로 향하는 표지가 있어 그 길로 따라 가면 사원의 정문인 남대문에 도달하는데 다른 길을 선택했다. 후지노키 고분을 뒤로하고 조금 더 산쪽으로 올라가다 호류지 방향으로 있는 길을 따라가니 옛날의 가옥들이 즐비하게 늘어서 있는 길이 있었다. '역사 가도(歷史街道) 역사적 마을 거리(歷史的町並り), 니시자토(西里)'의 구간이었다. 일본 옛길의 풍취를 느끼면서 호류지의 서대문에 도달할 수 있었다.

4. 주구지中宮寺, 호린지法輪寺, 호키지法起寺

주구지(中宮寺)는 호류지(法隆寺) 몽전이 있는 동원과 바로 옆에 붙어 있어 함께 답사하기에 좋은 위치여서 여유롭게 시간을 내서 찾는다면 한반도와의 관련성도 직접 느낄 수 있는 좋은 곳이다.

주구지(中宮寺)의 본당

주구지는 쇼토쿠(聖德) 태자가 어머니 아나호베노하시히토(穴穗部間

人) 황녀를 위해 건립했다고 한다. 호류지는 승려의 절로, 주구지는 비구니의 절로 지어졌다. 국보인 신비한 미소를 띤 보살반가상(菩薩半跏像)[여의륜관세음보살(如意輪觀世音菩薩)이라고 전해짐]은 금당의 본존이고 태자의 부인인 타치바나노오히라즈메(橘大郎女)가 태자를 위해 만들었다는 천수국만다라 수장(天壽国曼荼羅繡帳)은 법당의 약사여래상 뒷면에 봉안된 것이라고 전해지고 있다.

주구지는 현 위치에서 동쪽으로 약 500m 떨어진 곳에 있는 이전의 주구지 연못 부근에 있었다고 한다. 쇼토쿠 태자의 이카루카(斑鳩)궁, 오카모토(岡本)궁, 아시가키(葦垣)궁이라는 3궁의 중간에 있었기 때문에 주구(中宮)라고 칭했다고 하고 그래서 주구지(中宮寺)라는 이름이 붙여졌다고 한다.

이곳의 본존 보살반가상은 이집트의 스핑크스, 레오나르도 다 빈치의 「모나리자」와 함께 '세계의 3대 미소'라고 불린다. 손끝으로 살며시 볼에 대고 있는 우아한 자태의 모습은 어디에서도 느껴 보지 못한 은은하고 자상한 모습으로 감싸는 듯한 따뜻한 마음이 느껴진다.

2016년 5월에 한일 국교 정상화 50주년 기념으로 국립중앙박물관에서 '한일 국보 반가사유상의 만남'이라는 특별 전시가 있었다. 이때 한국 국보 78호인 금동반가사유상과 주구지 목조반가사유상 두 불상이 전시되어 관심을 가지고 둘러본 기억이 있다. 이때 전시된 불상이 이곳의 여의륜관세음보살이었는데 지금 이 절을 방문하여 원래 위치에 안치된 모습을 보니 또 다른 느낌이 들었다.

그리고 그해 6월에는 동경 국립박물관에서 '미소의 부처님 2구의 반가사유상(ほほえみの御仏-二つの半跏思惟像)'이라는 제목으로 한국에서와 같은 불상이 전시되어 많은 일본 국민들이 관람하였다는 기사를

보았다. 심지어 당시의 천황도 박물관을 방문하여 전시된 불상을 관람하였다는 기사를 본 적이 있다.

호키지(法起寺)의 삼중탑

또한 이 절에 있는 천수국만다라 수장(天壽国曼荼羅繡帳)은 쇼토쿠 태자 사망 후 태자비가 슬픔을 못 이겨 가까운 상궁에게 명하여 쇼토쿠 태자가 사후에 기거하는 천수국이라는 이상 정토의 세계를 수놓게 한 것으로 전해진다. 세월의 흐름에 따라 심하게 훼손되어 호류지 보물창고에 소장되었다가 가마쿠라 시대에 발견되어 복원되었으며 그때 별도의 모본 1장이 제작되었다. 현재의 수장은 원본과 모본을 함께 부착시켜 1장으로 만들어져 있다. 이 수장 속의 붉은색 의복을 입은 사람이 당시의 의복 제도에 비추어 볼 때 쇼토쿠 태자일 가능성이 높은 것으로 알려져 있다.

북쪽으로 가까운 거리에 호린지(法輪寺)가 있다. 이 절은 미이데라(三井寺)라고도 하며 622년 쇼토쿠 태자의 병을 치유하기 위해 태자의 아들인 야마시로노오에노오(山背大兄王)에 의해 건립되었다고 전해지고 있다. 창건 당시의 삼중탑은 오랜 기간 동안 잘 유지해 오다 1944년 낙뢰로 타 버리고 1975년에 재건되었다.

호린지 옆으로 호키지(法起寺) 터가 있다. 이곳은 오카모토데라(岡本寺) 또는 이케지리데라(池尻寺)라고도 불려졌으며 쇼토쿠 태자의 아들 야마시로노오에노오가 태자의 유언에 의해 오카모토(岡本)궁을 절로 개조했다는 설이 있다.

창건 당시에 탑은 동쪽에 위치하고 금당은 서쪽에 위치하는 '호키지식'이라고 불리는 가람 배치였다고 추정되어져서 호류지와는 반대의 배치로 되어 있다는 것이다.

경내에 있는 건물 중에 창건 당시의 모습을 전하는 것은 국보로 지정되어 있는 삼중탑뿐이다. 706년에 건립된 탑은 삼중탑으로서 일본에서 가장 오래되었고 규모도 최대인 것으로 알려지고 있다. 이 탑은 이카루카(斑鳩) 3탑[호류지(法隆寺)의 오중탑, 호린지(法輪寺)의 삼중탑, 호키지(法起寺)의 삼중탑] 중의 하나이기도 하다.

호키지의 삼중탑은 1993년 12월 '호류지 지역의 불교 건조물'의 하나로서 호류지와 함께 유네스코 세계 유산에 등록된 곳이기도 하다.

이카루카 지역에는 위에서 살펴본 절들 외에도 쇼토쿠 태자와 관련된 수많은 절, 신사, 유적지들이 널려 있다. 더 많은 한반도와 관련된 유물과 이야기들을 찾을 수 있는 곳이기도 하다. 다음을 기약하고 나라시로 돌아간다.

6장

일본 최고의 고도古道 야마노베노미치山の辺の道

1. 일본 불교 전래의 땅佛教伝来の地

일본에 불교 전래의 땅으로 알려진 지역은 긴데쯔(近鉄) 오사카선의 사쿠라이(桜井)역과 JR사쿠라이선의 사쿠라이(桜井)역에서 내려 동쪽으로 약 20분 정도 걸으면 도착한다. 이곳은 대륙과 한반도로부터 온 선박이 오사카 해안의 나니와쯔(難波津)로부터 야마토가와(大和川)를 거슬러 올라왔던 배들의 종착지로, 야마토 조정과 교섭을 가졌던 국가들의 사절이 도착하고 출발하는 도시의 외항으로서 중요한 역할을 하고 있었다.

긴메이(欽明) 천황 때 백제 성왕의 사절이 방문하여 불교를 최초 전래한 곳을 기념하기 위해 이곳에는 '불교 전래의 땅 비(佛教傳來之地碑)'가 세워져 있다. 석가불인 금강상 1구와 불경 약간이 전래되었다고 한다. 또한 이곳은 일본에서 가장 오래된 길의 하나인 야마노베노미치(山の辺の道)의 남쪽 기점이다.

이곳에 있는 '불교 전래의 땅(佛教伝来の地)' 안내판에 설명하고 있는 일본에 불교가 전래된 최초의 땅에 대한 내용을 살펴 본다.

이곳 하세가와(泊瀨川) 근처는 스진(崇神) 천황의 궁인 시기미즈가키(磯城瑞籬)궁, 긴메이(欽明) 천황의 궁인 시기시마노가나사시(磯城嶋金刺)궁이 있었던 가장 오래된 교역의 도시 쯔바이치(海柘榴市) 등의 사적을 남기고 '시기시마(磯城島)의 야마토(大和)'라고 불려진 고대 야마토 조정의 중심지였다. 『일본서기』에 "긴메이 천황 13년(552년) 겨울 10월에 백제의 성명왕은 서부희(西部姬) 씨 달솔 노리사치계(奴唎斯致契) 등을 파견해서 석가불 금동상 1구, 번개(幡蓋) 약간, 경론(經論) 약간 권을 드렸다."라고 기록되었던 불교 전래의 백제 사절도 이 항구에 상륙해서 바로 남방의 시기시마노가나사시(磯城嶋金刺)궁으로 향했던 것으로 추측된다.

이곳은 불교가 백제로부터 최초로 일본에 도달된 공식적인 땅을 기념하는 곳이다. 또한 "스이코(推古) 천황 16년(608년) 견수사 오노노이모코(小野妹子)가 수나라에서 온 사절 배세청(裴世淸)을 동반해서 귀국하고 아스카로 들어갈 때 장식한 말 75마리를 보내서 쯔바이치의 노상에서 누가타베노히라부(額田部比羅夫)가 맞이하였다."라고 기록되어 있는 곳도 이 땅이다.

충남 부여에 가면 일본 불교계에서 1972년 일본에 불교 전래에 감사하고 한일 양국민의 영원한 친선의 상징으로 삼는다는 글귀 등이 새겨져 있는 '불교 전래 사은비'를 세워 놓은 것을 볼 수 있다.

불교가 공식적으로 일본에 전래되기 이전부터 도래인들에 의해서 일본에는 불교가 전파되고 있었던 것으로 알려지고 있다. 헤이안 시대 말기의 불교 역사서인 『부상략기』에는 게이타이 천황 16년 522년에 시마닷토(司馬達等)가 일본에 와서 야마토국 다카치군 사카다바라에 초당을 짓고 불상을 안치하고 예배했다는 기록이 있다. 시기에 대하여는 다소 의문이 있으나 시마닷토는 아스카데라(飛鳥寺) 본존 대불인 석가여래좌상과 호류지(法隆寺) 금당의 석가삼존상을 제작한 구라쓰구리노도리(鞍作鳥) 불사(仏師)의 조부인 것 등으로 보면 일본 내에는 꽤 일찍부터 도래인들 간에 불교가 신앙으로서 자리 잡았을 가능성은 높다.

불교 전래의 땅 비(佛教傳來之地碑)와 안내판

그런 배경 등으로 도래인 권력자인 소가(蘇我) 씨는 소가노이나메(蘇我稲目)가 자신의 집을 무쿠하라데라(向原寺)로 하여 불상을 모시는 등 불교의 도입에 적극적 자세를 취했다. 소가 씨는 모노노베(物部) 씨와는 다르게 선조의 신화가 전해지는 것이 없고 조상신을 제사 지내는 신사도 적었는데, 이 점이 불교 수용을 한층 더 용이하게 했던 것 같다.

독자적인 조상신과 신화를 갖고 제사 지내고 있던 모노노베 씨에 대항해서 자신의 종교적 권위를 높이기 위해 불교의 수용에 더 열심히 임함으로써 권력을 쥐고 있던 소가 씨와 함께 일본 불교는 큰 발전을 이루게 되는 것을 볼 수 있다.

일본의 불교는 긴메이 천황 때 백제로부터 전해지고 그 이후에도 다양한 형태로 한반도의 고구려, 백제, 신라와 교류가 이루어진다. 특히 스이코 천황 이후에는 고구려 불교와의 관계도 긴밀해진다.

긴메이 천황의 뒤를 이은 민다쯔(敏達) 천황 때도 신라, 백제로부터 불상이 들어오고 고구려의 환속 승 혜변(惠便)을 스승으로 해서 센신니가 출가하는 기록을 앞에서 보았다. 그 후 스쥰(崇峻) 천황 때에 백제로부터 혜총(惠總) 스님이 오게 되고 센신니 등이 백제로 불교 유학을 갔다 돌아온 것을 알 수 있다. 그리고 그 시기에 아스카데라도 건립된다.

스이코(推古) 천황 때는 한반도와의 불교 교류가 아주 활발하게 이루어지는 것을 볼 수 있다. 고구려 승 혜자(慧慈)가 일본으로 와서 쇼토쿠 태자의 스승이 되고 백제 승 관륵(觀勒)이 일본에 오면서 천문지리 및 역술 등에서 활동하였다는 것과 고구려 승 승륭(僧隆) 등이 일본에 왔다는 기록들이 보이고 있다.

그리고 고구려 대흥왕이 일본에서 불상 조립을 위해 황금 300냥을 기증하였다는 것과 백제 승 11명이 간고지(아스카데라)에 기거한다는 기록이 보이고 고구려 왕이 담징(曇徵)과 혜관(惠灌)을 일본에 보냈다는 것과 신라도 불상, 불탑, 불사리 등을 일본에 보냈다는 기록을 볼 수 있다.

긴메이 천황부터 스이코 천황 시기의 『일본서기』는 한반도 관련 기사가 없으면 내용이 없을 정도다. 이 시기가 한반도 관련 교류가 가장 빈번한 시기였던 것을 알 수 있다.

'불교 전래의 땅 비'가 있는 지역에서 시작되는 야마노베노미치(山の辺の道) 역사가도를 따라 북쪽으로 10분 정도 걸으면 JR 만요(万葉)마

호루바선의 미와(三輪)역이 나온다. 이 역을 지나 오른편을 바라보면 산 전체가 신으로 모셔지고 있는 미와산(三輪山)을 볼 수가 있다. 그리고 그 앞에 이 산을 신체로 모시고 있는 오오미와(大神) 신사가 있는 것을 보면서 나라시로 돌아온다.

2.
사쿠라이桜井 시립 매장문화재 센터, 오오미와大神 신사, 히바라桧原 신사

JR 사쿠라이(桜井)선 미와산(三輪山)역 건너편으로 사쿠라이(桜井) 시립 매장문화재센터가 있고 그곳에서 동쪽으로 바라보이는 일본에서 가장 오래된 길인 야마노베노미치(山の辺の道) 연변의 미와산 밑에 오오미와(大神) 신사가 있고 그 주변으로 오오미와 신사의 섭사인 히바라(桧原) 신사, 스모(相撲) 신사, 아나시니이마스효쥬(穴師坐兵主) 신사 등이 있다.

사쿠라이 시립 매장문화재센터는 사쿠라이시의 매장 문화재 발굴 조사와 연구 및 전시 등을 하고 있는 곳이다. 이곳은 구석기, 조몬, 야요이, 고분 시대, 아스카, 나라 등 여러 시대의 유물을 전시하고 있었고 하니와(埴輪)와 마키무쿠(纒向) 유적을 특별 전시하고 있었다.

사쿠라이(桜井) 시립 매장문화재센터

이곳에서는 '우리의 토기, 다른 곳의 토기 - 고분 시대 전기의 외래계 토기'라는 기획 전시회를 하고 있었다. 마키무쿠 유적지에서 출토된 토기들이 여러 가지 형태를 띠고 있는데 이것으로 보아 만든 시대와 만든 장소가 다르다는 것을 알 수 있다고 했다. 이러한 토기를 '외래계 토기'라고 부르며 '한(韓)식계 토기'라는 이름으로 전시하고 있었다.

이 지역에서 발굴된 토기의 약 30% 정도가 외래계 토기라는 것이다. 마키무쿠 유적에 토기를 반입했던 지역은 서쪽은 규슈부터 동쪽은 도쿄 남쪽 지역까지에 걸쳐서 광범위하게 걸쳐 있다고 한다. 이런 특징은 다른 유적지에서는 별로 나타나지 않고 마키무쿠 유적의 큰 특징 중의 하나다. 이러한 토기의 이동은 사람들의 이동과 지역 간의 교류를 보여 주는 것으로 3세기에 최대의 집락이 있던 마키무쿠의 땅에 많은 사람들이 모여들었다는 것을 알 수 있다.

오오미와(大神) 신사 들어가는 길

그리고 이 지역에서 철을 생산한 유적 발굴도 안내하고 있었다. 주로 철 소재를 외부로부터 들여와서 제품을 가공하는 소규모의 공방이 유적 내에 산재해 있었다고 한다. 그리고 한반도로부터 소재가 수입되고 북규슈계의 기술이 도입되어 만들어진 철제품 등이 출토되었다고 설명하고 있었다.

이곳에 전시된 내용 중에 '도래인과 횡혈식 석실'이라는 제목으로 된 안내문을 소개한다.

> 사쿠라이 시내에는 5세기 말에서 6세기 초에 축조된 고분과 6세기 중순경에 축조된 고분으로 발굴된 후루보우(風呂坊) 고분군과 이나리니시(稲荷西) 고분군에서는 모형 취사구, 비녀, 반지 등의 도래색이 강한 유물이 출토되었다. 석실의 도입에 도래인이 많이 관여했다고 생각한다.
>
> 7세기 이후 벽돌 모양으로 가공한 석재 등을 사용하여 구축된 고분 등도 그

특징적인 석실 형태와 구축 기술은 중국과 한반도와의 관련이 적지 않다고 본다.

사쿠라이 시립 매장문화재센터에서 길 건너편에 미와산이 보이고 그 산 밑에 오오미와 신사가 있다. 거대한 도리이(鳥居)를 지나 JR 미와산역을 오른쪽으로 보면서 5분 정도 걷다가 또 다른 큰 도리이를 지나면 오오미와 신사가 나온다.

사쿠라이시에는 오오미와 신사의 신체로서 넓게 신앙의 대상으로 사람들에게 친숙한 '미와산(三輪山)'이 아주 오랜 옛날부터 있어 왔다. 467m 높이의 이 산은 나라 분지의 여러 곳에서 보이고 이 산에 대한 내용은 『일본서기』, 『고사기』, 『만엽집』 등에 '미무로야마(三室山)', '미모로야마(三諸山)'라는 이름으로도 나오는 곳이다.

오오미와 신사는 야마토 '제일의 궁(一の宮)'이라고도 부른다. 야마토 분지의 동남쪽에 있는 신사 뒤쪽의 산인 미와산을 어신체(御神體)로 하고 있고 일본에서 최고로 오래된 신사의 하나이다.

아주 오래된 신대(神代)에 오오나무치노가미(大己貴神)[오오쿠니누시노가미(大國主神)]가 국가를 만드는 데 힘을 쓰고 있을 때 그 혼이 나타나 문답을 한 후 스스로 자신의 혼을 오오모노누시노가미(大物主神)라 칭하고 야마토(大和)의 미와산에 진좌(鎭座)한 것이 이 신사의 시작이다. 따라서 본전은 없고 배전의 뒤에 있는 미쯔도리이(三ツ鳥居: 도리이 3개를 조합해서 만든 독특한 형식의 도리이)를 통해서 신체산인 미와산을 제사한다고 한다. 원초의 신에게 제사 지내는 형태가 지금도 전해지고 있다고 생각이 든다.

신사명의 '大神'을 '오오미와'라고 읽는데 8백만의 신들 중에서 미와의 신은 신령이 현저하게 넓어서 특히 '大神(오오미와)'라고 칭한다고 한다. 그리고 '미와묘진(三輪明神)'이라고 전국 각지의 신사에서 불린다.

산 주변에는 스진(崇神) 천황부터 스이코(推古) 천황에 이르는 13대의 황거(皇居) 유적이 있다. 이 땅은 당시의 국도 1호선이라고도 불려지는 야마노베노미치(山の辺の道)를 동맥으로 해서 아스카 시대 이전 4, 5세기경의 일본 정치, 경제의 중심지였다.

신사의 경내에 있는 보물 수장고에는 미와산 내의 금족지, 제사 유적, 미와산 주변의 출토 유물, 고대부터 내려오는 보물 등 수천 점을 수장하고 전시하고 있다. 그러나 평일은 15:30까지 개관하고 휴일은 쉬기 때문에 관람하려면 시간을 잘 맞추어 가야 한다.

그리고 미와산의 오오쿠니누시노가미는 뱀의 화신이라는 전설이 있다. 『일본서기』에는 스진 천황 때에 부인인 야마토토토히모모소히메노미고토(倭迹迹日百襲姬命)의 상자에 뱀의 모습으로 들어가 있었다는 이야기가 있을 정도로 일본에서 뱀은 대지 영령의 상징적인 존재로 알려져 오고 있다.

『일본서기』 스진 천황 때에 나라에 전염병이 만연하고 사람들이 많이 죽게 되자 궁 안에서 일본 최고신인 아마테라스 오오가미(天照大神, 日神)와 오오쿠니누시노가미(大國主神, 地神) 2신을 함께 제사 지내는 것이 원인이라 하여 두 신을 함께 모시지 않고 따로 분리한다. 아마테라스 오오가미를 히바라(桧原) 신사에서 모시고 이곳에 히모로키(神籬: 신이 강림한 곳)를 만들었다. 히바라 신사는 오오미와 신사의 섭사로서 원래의 이세(伊勢) 신궁이라고 하기도 한다. 그 후 아마테라스 오오가미는 스이닌 천황 26년에 현재의 미에(三重)현에 있는 이세(伊勢) 신궁으로 이전하고 현재에 이른다.

그리고 오오쿠니누시노가미도 별도로 제사 지냈으나 나라가 평온하지 못하여 오오쿠니누시노가미의 아들 오오다다네고(大田田根子)를 찾아 미와산에서 제사 지내니 조용해졌다고 하는 이야기가 전해지고 있다.

히바라 신사는 미와산에 있는 암좌를 신체로 하고 있어서 본전은 없다. 오오미와 신사와 같은 미쯔도리이가 있고 그 뒤로는 신의 영역이라는 느낌이 들 정도로 고대의 신비스러운 분위기가 있는 곳이다. 고대 한반도에서 신에 제사 지내는 공간도 이런 곳이 아니었을까 생각해 본다. 이곳은 앞쪽으로 한반도 초기 도래인들의 흔적이 남아 있는 마키무쿠 들판 지역을 조망하여 볼 수 있는 다소 높은 위치에 있다.

히바라 신사에서 북동쪽으로 좁은 길을 따라 가면 아나시니이마스효쥬(穴師坐兵主) 신사와 스모(相撲) 신사가 있다.

아나시니이마스효쥬(穴師坐兵主) 신사는 고대 3개의 신사가 합쳐져 현재 하나의 신사로 되어 있고, 그중에 왼쪽에 있는 신사의 제신이 스이닌 천황 때 신라에서 넘어온 왕자 아메노히보고(天日槍)로 알려지고 있다. 규슈에서부터 나라를 거쳐 교토, 시가현 등에 흔적을 남기고 있는 아메노히보고의 유적이 이곳에도 남아 있는 것을 알 수 있다.

스모 신사는 아나시니이마스효쥬 신사로 들어가는 길에 있다. '일본 스모 발상의 땅(日本相撲發祥の地)'으로 알려지고 있고 스모의 조상으로 노미노스쿠네(野見宿禰)를 제사 지내고 있다. 경내에는 승리의 성인(勝利の聖)이라고 하는 노미노스쿠네의 석상 등 여러 개의 기념물들이 세워져 있다.

저자의 『규슈 역사를 따라서 한국을 찾아 걷다』에서 후쿠오카의 다자이후 덴만구(太宰府天滿宮)를 소개할 때 스가와라노미치자네(菅原道眞)는 고대에 거대 고분 조영에 큰 활약을 한 하지(土師) 씨의 후예라는 내용, 하지 씨의 시조는 일본 씨름 스모의 조상인 노미노스쿠네라는 내용, 그리고 하니와(埴輪: 흙으로 만든 사람과 동물 등의 모형)의 기원에 대하여 언급한 내용이 있다.

『일본서기』의 스이닌(垂仁) 천황 때에 노미노스쿠네는 원래 이즈모(出雲) 사람인데 천황의 명에 의해 야마토(大和)로 들어와 다이마노케하야(當麻蹶速)라는 장수와 일본 최초의 스모를 하게 되었고 그의 허리를 접어 버리고 승리하여 그가 다스리던 땅은 모두 노미노스쿠네의 것이 된다. 또한 스이닌 천황의 2번째 황후인 히바스히메(日葉酢媛)가 사망했을 때 노미노스쿠네는 고대부터 내려오던 장례 방법으로 산 사람을 함께 묻는 순장제 대신에 하니와를 넣는 것을 천황에게 진언하여 이즈모로부터 하지(土師) 100인을 불러 사람, 말 등 여러 가지 형태의 하니와를 제작하여 사람을 함께 묻는 대신에 장례에 사용하였고 천황은 이를 아주 기뻐하여 하지(土師)라는 성을 하지무라지(土師連)에게 하사하였다고 한다.

하지 씨족과 스가와라노미치자네에 관한 유적은 나라의 서북부 사이다이지(西大寺) 주변에서 많이 나타나고 오사카의 하지노사토(土師の里), 도묘지(道明寺) 지역에도 많이 볼 수 있는데 그에 대한 내용과 더불어 아메노히보고와 하지 씨의 관계에 대한 이야기도 뒤에서 좀 더 구체적인 설명을 참조하면 좋겠다.

3.
모노노베物部 씨와 이소노가미石上 신궁, 덴리 산코칸天理参考館

이소노가미(石上) 신궁은 덴리(天理)시 동쪽의 후루야마(布留山) 근처에 위치하고 있고 덴리(天理)역에서 도보로 약 30분 정도 걸리는 곳에 있다. 이곳은 『일본서기』, 『고사기』에 기록되어 있는 일본의 최고로 오래된 신사 중의 하나이며 울창한 숲으로 싸여 있어 신성한 분위기가 있는 곳이다. 또한 이곳은 일본에서 가장 오래된 도로라고 불려지는 야마노베노미치(山の辺の道)의 북쪽 기점이 되는 곳이기도 하다.

이소노가미(石上) 신궁

모노노베 씨의 선조인 니기하야히노미고토(饒速日命)는 다카아마노하라에서 강림할 때 10종류의 보물을 갖고 많은 사람을 인솔하여 아메노이와후네(天磐船)을 타고 아시하라노나카쯔쿠니(葦原中國)에 강림한다. 강림한 후에 니기하야히노미고토는 현재 이소노가미 신궁의 땅으로 옮겨오면서 이 지역과 인연을 맺는다.

초기 도래인 중 강력한 세력이었던 모노노베(物部) 씨 및 역대 천황과 깊은 관계를 갖고 있는 곳이기도 하다. 모노노베 씨는 초대 진무(神武) 천황이 야마토(大和) 땅으로 오기 전에 야마토와 가와치(河內: 현재의 오사카) 땅 주변을 지배하고 있었다.

『일본서기』에 보면 모노노베 씨는 4세기의 스이닌(垂仁) 천황 대, 5세기 초의 리츄(履中) 천황 대, 그리고 6세기 초 게이타이(継體) 천황 대에 큰 역할이 기록되어 있고 5세기에는 오오도모(大伴) 씨와 함께 천황을 호위한다든지 군사적인 일에 종사한다. 그래서 조정의 신성한 보물들인 무기를 수납하는 창고로 역할을 했던 이소노가미 신궁을 관장했던 것 같다. 이후 모노노베 씨는 또 하나의 강력한 도래인 집단인 소가(蘇我) 씨에게 멸망하여 사라지는 듯하였으나 7세기 후반 진신(壬申)의 난을 계기로 부활하여 오랜 기간 동안 존속한다.

이소노가미 신궁에는 배전만 있고 본전은 없다. 그리고 배전은 헤이안(平安) 시대 후기 시라가와(白河) 천황 때 궁전의 건물이 이곳의 배전으로 기증되어 지금까지 남아 있어서 국보로 관리되고 있는 곳이다. 그리고 배전 뒤쪽을 금족지(禁足地)로 만들어 그 안에 신들이 있는 것으로 하고 배전에서 제사를 지내왔던 것으로 알려지고 있다. 주변의 신고(神庫)에는 고대로부터 많은 무기를 수장하고 있었고 메이지 7년 1874년에 간 마사토모(菅政友) 대궁사에 의해 금족지가 발굴되고 이때 백제로부터 건너온 칠지도가 신고에 보관되고 있다가 발견되어 지금까지도 한일 간에 헌상한 것이니 하사된 것이니 하면서 큰 논란을 일으키고 있는 곳이다.

이소노가미(石上) 신궁의 금족지

『일본후기(日本後紀)』 805년 조에 이 신궁의 무기를 야마시로(山城)로 옮기는 데 수많은 사람이 동원되었다는 기록이 있듯이 이곳 아메노호구라(天神庫)에는 수많은 고대의 무기가 있었던 것으로 알려지고 있었다. 그리고 중세 이후 전국 시대를 거치며 도난당하면서 현재는 소량만 남아 있는 것으로 알려지고 있다. 그러나 소량이지만 중요한 것들이 많고 그중에 한일 간에 첨예하게 현안이 되고 있는 칠지도(七支刀)가 지금까지 남아 있는 것만으로도 대단한 것이다. 금족지는 현재도 '후루(布留)사'라고 표시된 돌기둥으로 둘러져 있어 옛날의 신성한 분위기가 남아 있는 것을 볼 수 있다.

나라 시대에 신궁이라고 불린 곳은 일본 최고의 신사인 이세 신궁

외에는 없었는데 이곳은 고대부터 최고 수준의 격이 있는 신사였던 것으로 보인다. 그리고 건너편에 섭사인 이즈모다케오(出雲建雄) 신사의 배전이 이곳에 이축되어 있으며 국보로 지정되어 있다.

근세까지 무기 창고에 남아 있다 발견되어 칼 표면에 남아 있는 명문으로 다양한 해석이 이루어지고 있는 칠지도에 대하여 알아본다. 칠지도라는 특이한 이름은 칼 본체 양쪽으로 3개씩 나뭇가지같이 나와 있는 독특한 모습으로 총 7개의 가지를 갖는 칼이라는 의미다.

그러나 이 칼은 너무 오랜 기간이 지나면서 녹이 슬어 이를 제거하는 과정에서 금상감이 있는 것을 알게 되었으나 잘 알아보기 어려운 글자 등을 감안하여 이 칼의 앞면 34자와 뒷면 27자로 총 61자이나 훼손된 것을 제외하고 다음과 같은 해석을 주로 할 수 있다.

앞면 泰□四年□月十六日丙午正陽造百練銅七支刀生辟百兵宜供供候王□□□□作

해석 泰□4년□월16일 병오일 정오에 쇠를 백번 두드려 칠지도를 만든다. 백병을 피할 수 있어 마땅히 후왕에게 줄 만하다.

뒷면 先世以來未有此刀百慈王世□奇生聖音故爲倭王旨造傳示後世

해석 선세 이래 이런 칼을 가진 자가 없고 백제왕세□기생성음은 왜왕 지를 위하여 만드니 후세에 전하라.

오랜 시간이 흘러 훼손된 글자도 있고 해석에 따라 한일 양국간에 민감한 부분도 발생하는 연유로 의도된 오역도 분명히 있지만 지금까지 많은 연구가 이루어지고 있고 지속해서 더 많은 연구가 필요한 부분이다.

이 신사 경내에는 한국에서 옛날에 보던 토종닭이 많이 사육되어 돌아다니는 것을 볼 수 있다. 어릴 적에 시골에서 큰 닭을 본 기억을 떠올려보면 새벽녘에 어둠이 걷히면서 동쪽의 지평선 위로 해가 올라올 때 우렁차게 우는 닭의 모습은 나름 우리가 잊어버리고 지냈던 신비스러운 장면임에는 분명하다.

이것은 일본 신화에서 아마테라스 오오가미(天照大神)가 동굴 안에 있다가 나오는 '아마노이와토(天岩戸) 열기 신화'에서 동굴에 숨은 아마테라스 오오가미가 동굴에서 나오도록 도고요노나가나기도리(常世の長鳴き鳥: 영원불변의 긴 울음소리를 내는 조류, 닭의 다른 이름)를 우선 울게 한 데서 연유한다. 닭이 울면 태양이 뜨는 것을 보고 닭이 우는 소리는 태양의 신인 아마테라스 오오가미를 부르는 힘이 있다는 것을 의미한다고 한다. 그래서 닭은 신도와는 아주 깊은 관계가 있는 상서로운 영적인 새로 중요시되어 왔다.

이와 관련해서 신사의 입구에 세워져 있는 도리이(鳥居)의 어원은 '아마노이와토(天岩戸) 열기 신화'에서 나가나기도리(長鳴き鳥: 닭)가 머물던 곳이라고 하는 설이 있다. 즉, 도리노도마리기(鳥の止まり木)에서 도리노이루기(鳥の居る木)로 바뀌고 그 후에 도리이(鳥居)로 불려지게 되었다는 것이다.

이 신사의 제신은 앞에서도 언급한 『일본서기』의 '진무 도우세이(神武東征)' 시 국토 평정에 공을 세운 쿠니무케시쯔루기(平国之剣)의 영을 신으로 한 후쯔노미타마노오오가미(布都御魂大神), 모노노베 씨의 조상인 니기하야히노미고토(饒速日命)가 다카아마노하라(高天原)에서 강림할 때 하늘에서 받아온 10종류의 보물(동경, 검, 옥 등)의 영을 신으로 한 후루노미타마노오오가미(布留御魂大神), 그리고 스사노오노미고토(素戔嗚尊)가 야마타노오로치(八岐大蛇)를 퇴치한 아메노도쯔가노쯔루기(天十握劍)를 신으로 한 후쯔시미타마노오오가미(布都斯魂大神)이다.

이 3신을 총칭해서 이소노가미오오가미(石上大神)로 부르고 후루(布留)의 정원에서 스진(崇神) 천황 때 제사 지냈다고 전해지고 있다.

『일본서기』의 '진무 도우세이' 시 국토 평정에 공을 세운 쿠니무케시쯔루기의 이야기, 그리고 니기하야히노미고토가 다카아마노하라에서 강림할 때 이야기와 스사노오노미고토가 야마타노오로치를 퇴치한 아메노도쯔가노쯔루기의 이야기를 하려고 한다.

이소노가미(石上) 신궁 경내에 돌아다니는 닭

쿠니무케시쯔루기의 이야기는 저자의 『규슈 역사를 따라 한국을 찾아 걷다』에서 가무야마토이하레비코(진무 천황)가 규슈의 미야자키를 떠나 야마토로 들어가면서 어려움을 극복하는 과정에서 나오며 모노노베 씨와 관련 내용을 소개한다.

> 가무야마토이하레비코 일행은 나니하야(浪速: 지금의 오사카 난파)를 지나 시라가타노즈에 정박한다. 그리고 이고마야마(生駒山)를 넘어 야마토(大和)로 들어가는 것을 방해하던 이곳의 호족인 나가스네비고(長髓彦)는 "옛날에 구시타마니기하야히노미고토(櫛玉饒速日命)라고 하는 천신의 아들이 아마노이와후네(天磐船)를 타고 하늘에서 강림하셨다. 나의 누이와 결혼하여 아들을 낳았다. 천신의 아들이 둘이 있는 것을 있을 수 없다."라고 말하면서 강하게 저항을 했다.
>
> 그래서 하늘의 아들이라는 징표인 화살 등을 확인하였으나 나가스네비고는 계속 저항하여 니기하야히노미고토는 이 일행이 천신의 아들이라는 것을 알고 있었기 때문에 나가스네비고를 제거하고 무리를 이끌고 가무야마토이하레비코 일행에게 귀순하여 충성을 맹세한다. 니기하야히노미고토는 모노노베 씨의 시조이다.
>
> 그리고 이 전쟁에서 가무야마토이하레비코의 형 이쯔세가 화살을 맞는다. 그는 "태양신의 아들로서 우리들이 태양을 향하고 싸우는 것은 좋지 않다. 그래서 우회하여 등에 해를 받으면서 싸우자."라고 하였다. 그래서 기이반도(紀伊半島)를 우회하여 남하해 가는데 기노국에서 형 이쯔세는 죽게 되어 가마산에 장사 지내고 가무야마토이하레비코 일행은 구마노(熊野)에 상륙한다.

또한, 스사노오노미고토가 야마타노오로치를 퇴치할 때 사용한 아메노도쯔가노쯔루기(天十握劍)에 대한 이야기는 『일본서기』에 일본의 최고신인 아마테라스 오오가미와 갈등을 겪다 다카아마노하라에서 쫓겨난 스나노오노미고토가 맨 처음 다다른 곳에서 활약한 다음과 같은 기록에서 알 수 있다.

> 신라국(新羅國)에 내려와 소시모리(曾尸茂梨)라는 곳에 도착하여 있었다. 그리고 "이 땅은 내가 있고 싶지 않다."라고 하며 배를 만들어 타고 동쪽으로 가 이즈모(出雲)의 히이가와(斐伊川) 상류의 도리죠미네(鳥上峯)로 갔다. 그리고 그 마을을 괴롭히고 있는 8개의 머리와 꼬리가 있는 큰 뱀인 야마타노오로치를 퇴치한다. 이때 사용한 검이 아메노도쯔가노쯔루기(天十握劍)이다.

덴리역에서 이소노가미(石上) 신궁 가는 길에 덴리(天理) 대학이 있다. 이 대학 안에 있는 덴리 산코간(天理參考館)은 1925년부터 주로 중국, 한국의 자료를 모아 전시하기 시작했으며 한반도에서 조선의 가옥을 그대로 옮겨 지어 '조선관'이라는 이름의 전시관으로 사용하였다고 한다.

현재는 세계 각지로부터 모은 다양한 자료들을 전시하고 있다. '세계의 생활 문화관'에는 한반도에 관해서 '전통사회의 이정표'라는 제목으로 많은 유물들을 전시하고 있었고 '세계의 고고미술관'에서는 일본, 한반도, 중국 유물 등을 별도로 전시하고 있었다.

일본 유물 전시된 것들은 나라 지역의 여러 박물관들에서 전시된 것과 같이 한반도 출토 유물과 유사성이 많은 유물들이 전시되고 있었다. 고대 시대의 토기, 동탁, 세형 동검, 환두 대도와 장식물들, 갑옷 등 무장 장비, 말 모형 하니와, 말 장식 유물들이 전시되고 있었다.

그중에 주로 한반도에서 발굴된 벽돌방 무덤(塼室墓)의 일부를 복원해 놓았다. 1915년부터 발굴한 평안남도 정백리 묘와 황해북도 봉산군에 있는 대방태수 장무이(張撫夷)의 묘 등에 대하여 조선총독부에서 발간한 『고적조사 특별보고』의 발굴 내용과 사진 등을 전시하고 있었다.

벽돌방 무덤(塼室墓)은 낙랑, 대방 시기에 축조된 것 혹은 백제 시기 공주에서 축조된 것으로 알려지고 있다. 벽돌을 횡이나 종으로 규칙적으로 쌓아 유해를 안치하는 현실과 이곳에 이르는 통로의 벽을 쌓는 데 이용하였다. 천정은 돔이나 아치형 등의 곡면으로 만들기 위해 특별한 기술이 필요한 구조이다.

특히 황해북도 봉산군에서 발굴된 대방태수 장무이(張撫夷)의 묘는 그곳에서 발굴된 벽돌에 글자가 쓰여 있어 피장자와 관직이 밝혀진 것으로 유명한 곳이다.

그리고 한반도 관에는 명문이 쓰여 있는 벽돌들을 전시하고 있었다. "… 韓氏造", "… 韓氏", "… 遼東韓玄兎太守…" 등의 글자들이 조각되어 있는데 그 안에 '한(韓)'이라는 한자가 많이 보였다.

바로 옆으로 삼국(고구려, 백제, 신라), 통일신라 시대 것으로 다양한 문양이 들어간 둥근 기와와 평기와, 귀신 문양의 기와와 깔개 벽돌(敷塼) 등도 전시되어 있고 낙랑, 신라, 가야의 대형 고분으로부터 출토된 철제품, 금은제품, 금동제품, 청동제품 등의 부장품들도 전시되어 있다.

도질 토기를 테마로 전시하면서 "섭씨 1,000도 이상의 고온에서 구워낸 도질 토기가 삼국 시대에서 통일신라 시대까지 성행하면서 5세기 전반에 공인 집단이 도래하였으며 일본 열도에 전파하여 일본에서 가장 오래된 도기인 스에키(須惠器)가 생산되기 시작하였다."고 안내하고 있었다.

고려 시대 석관 부장품, 수저, 젓가락, 동경, 황동제 혁대, 청동 물병 등 공예품들도 전시되어 있었다.

덴리(天理) 대학 내에 있는 덴리 산코간(天理參考館)

그 옆으로 중국관에는 한나라, 수나라, 당나라 시대뿐만 아니라 여러 시대에 걸쳐 발굴된 옥 종류, 동경, 도자기, 유리잔 등의 유적들을 전시하고 있었다.

이소노가미(石上) 신궁 주변의 후루(布留) 유적에서 발굴된 토기를 전시해 놓았는데 한반도의 남부 가야 유적과 깊은 관련이 있는 것으로 알려지고 있다. 어느 정도 부드러운 갈색과 회색으로 견고하게 만들어진 것들이 있는데 표면에는 격자 형태와 새 다리 모양의 문양이 있고 같은 모양이 한반도의 유물에도 보이고 있는데 이것을 보통 일본에서는 한식계(韓式系) 토기라 부른다.

대학 내의 부속 박물관에서 한반도에 대한 많은 역사적 자료와 유물들을 전시하고 있는 것도 놀라웠고 일제 시대 때에 발굴된 한국에서 보기 어려운 유물과 그에 대한 자세한 설명도 많이 볼 수 있으므로 이곳을 방문하여 시간적 여유를 갖고 전시품들을 살펴보면 많은 정보를 얻을 수 있어서 좋을 것으로 생각한다. 그런데 이 지역은 대중교통이 불편하여 미리 시간 계획을 잘 짜서 움직여야 하는 불편함이 있는 곳이다.

4.
구로츠카黑塚 고분, 스진崇神 천황릉, 다시라카手白香 황녀릉, 게이코景行 천황릉, 하시하카箸墓 고분, 죠가쿠지長岳寺

나라 지역의 지도를 살펴보면 나라 분지의 동쪽에는 여러 산들이 연달아 있는 것을 알 수 있다. 『일본서기』에도 나오고 일본에서 가장 오래된 길 중의 하나이면서 그 산 옆길을 따라 이어진 야마노베노미치(山の辺の道) 주변에는 지금도 일본 고대 역사 속의 이야기와 지명 등이 남아 있는 많은 신사, 사원과 고분들을 여기저기에서 볼 수 있다.

구로츠카(黑塚) 고분, 스진(崇神) 천황릉, 다시라카(手白香) 황녀릉, 게이코(景行) 천황릉, 하시하카(箸墓) 고분, 죠가쿠지(長岳寺) 등 역사 속의 유적지는 JR 사쿠라이(桜井)선 야나기모토(柳本)역에서 내려 걸어서 답사하기에 가까운 거리에 산재해 있다.

나라 분지의 대표적 대형 고분군으로 야나기모토 고분군이라 부르는 곳에 구로츠카 고분이 있다. 야나기모토역에서 약 5분 정도 동쪽으로 걸으면 구로츠카 고분 전시관에 이른다. 이 전시관 앞에 '히미코의 고향(卑弥呼の里) 탐방'이라는 안내판에 이곳에 대하여 간략하게 기록되어 있는 것을 볼 수 있다.

덴리(天理)시의 남부부터 사쿠라이(桜井)시 북부의 마키무쿠(纒向) 유적에는 '히미코의 동경'이라고 불리는 삼각연신수경이 매장 당시 상태로 대량으로 출토된 구로츠카 고분과 히미코의 묘라고 이야기되고 있는 하시하카 고분의 존재로부터 '히미코의 고향(卑弥呼の里)'이라고 불려지고 있는 것이다.

구로츠카 고분 전시관에는 횡혈식 석실이 원래 크기로 복원되어 있고 동경과 철제품 등이 전시되고 있다. 복원된 석실은 정면과 전시관 2층에서도 내려다볼 수 있게 아주 실감 있게 만들어 놓았다. 이곳에 전시되고 있는 동경은 직경이 평균 22㎝, 무게가 1㎏이고 동경의 뒷면에는 문구가 기록되어 있으며 문장, 신선, 신령스러운 동물 등이 표현되어 있다.

전시관 바로 옆에 있는 구로츠카 고분은 3세기 후반에서 4세기의 고분 시대 전기에 축조된 것으로 추정되는 곳으로 고분의 규모는 전장 약 130m의 전방후원분이다. 1998년 1월 빨갛게 칠한 석실로부터 동경, 도검, 갑주 등의 부장품이 출토되었다. 특히 히미코의 동경이라고 하는 삼각연신수경이 33매가 출토되었는데, 이로부터 기나이(畿內) 설이 등장하게 된다. 초기 야마토 정권이 있던 방향이나 야마타이고쿠(邪馬臺国)의 소재지가 기나이(畿內)인지 규슈(九州)인지를 가지고 논란이 계속되고 있는 상황에서 삼각연신수경의 출토는 기나이 설을 뒷받침하는 기나이(畿內) 증거가 되었던 것이다.

이곳에서 발굴된 삼각연신수경은 이전에 일본에서 약 400면 이상이 출토된 동경의 양식으로 고분 시대에 가장 유행했던 동경이였다. 보통 고분에 부장된 동경은 1매에서 많아야 5매 정도이고 10매 이상 부장되었던 고분은 몇 곳이 되지 않는다. 이 고분이 발굴되기 전에 교토(京都)부 야마시로쵸(山城町)에 있는 쯔바이오츠카야마(椿井大塚山) 고분의 32매로 많았으나 구로츠카 고분에서 더 많이 나온 것이다.

이곳에서 발굴된 동경에는 연호가 표시되어 있는데 경초 3년(景初三年, 239년), 정시 원년(正始元年, 240년)의 동경이 출토되었다. 이 연대에 관해서는 『삼국지』, 「위서 동이전 왜인조」에 경초 2년(238년) 왜의 여왕이었던 히미코(卑弥呼)의 사신이 위나라에 조공시에 '동경 백매' 등을 하사받았다는 기록이 있다. 그래서 이 '동경 백매'의 후보가 이 고분에서 발견된 삼각연신수경으로 추정되고 있는 것이다.

구로츠카(黒塚) 고분 전시관

구로츠카 고분에서 도로를 건너면 스진(崇神) 천황릉을 만난다. 스진 천황릉은 야마토(大和) 조정 최초의 왕으로서 10대 천황인 스진(崇神) 천황의 능이다. 전장 약 242m의 전방후원분으로 능 앞의 계단을 올라가 능을 바라보면 오래된 주변의 호와 잘 어울리는 전체를 조망할 수 있다.

앞 장에서 가시하라(橿原) 지역의 우네비야마(畝傍山) 주변으로 초대 진무(神武) 천황릉을 비롯하여 초기의 천황릉들은 있으나 일본 천황은 진무 천황 이후 2대 스이제이(綏靖) 천황부터 9대 가이카(開化) 천황까지는 기록이 거의 없고 가공의 왕으로 보는 경우가 있다고 한 바 있다.

일본어로 임나(任那)를 '미마나'로 읽는데 『일본서기』에 스진 천황은 미마키이리비코이니에노스메라미고토(御間城入彦五十瓊殖天皇)라는 이름으로 나오면서 임나와 깊은 관련이 있는 인물로 알려지고 있다. 그리고 하쯔쿠니시라스스메라미고토(御肇國天皇)라는 이름으로도 나오는데 이것은 나라를 새로 세운 천황이라는 의미라서 10대 천황이지만 새로운 왕조의 시작을 알 수 있다고 보기도 한다. 『고사기』에 미마키이리히코이니에노미고토(御眞木入日子印惠命)라는 이름도 같은 의미로 알려지고 있다.

스진 천황의 이름에도 임나가 들어가 있듯이 재위 기간 중에 임나에 관한 기록이 나오는 등 임나와 관련이 깊은 천황임에는 분명하다. 『일본서기』 스진 천황 65년 가을 7월에 "임나국이 소나갈질지(蘇那曷叱知)를 보내어 조공하였다. 임나는 쓰쿠시노쿠니(筑紫國)에서 2,000여 리 떨어져 있다. 북쪽은 바다로 막혀 있으며 계림(鷄林)의 서남쪽이다."라는 기록이 있다.

스진(崇神) 천황릉

『일본서기』에는 임나가 여러 번 등장하지만 위의 기사가 처음 등장하는 내용이라 의미가 있다. 다만, 임나가 조공했다는 내용과 임나의 위치 등으로 한일 간에 현재까지도 논란이 되고 있는 기사이다.

그런데 일본의 사서에는 '임나'가 여러 군데에서 나오지만 한국에는 3군데에만 그 예를 볼 수가 있다.

첫째, '광개토대왕 비문'의 10년(400년) 경자조(庚子條)에 "… 至新羅城 … 追至任那加羅從拔城 … 安羅人 … 新羅城"라는 기록에서 임나가라를 볼 수 있다.

둘째, 『삼국사기』, 「열전(列傳)」 '제6 강수조(强首條)'에 "임나가라인(任那加良人)"이라는 기록이 있다.

셋째, '진경대사(眞鏡大師) 비문'에 "임나왕족"이라는 기록이 있다.

그리고 중국의 『송서(宋書)』, 「왜국전」에도 가라, 임나가 나오는 것을 볼 수 있다.

위의 고대 기록에 임나가 있는 것으로 봐서 실재했던 나라였음은 명확한 것 같고 단지 한반도 남부를 대표하는 국가보다는 여러 가야국 중에 하나로 취급되고 있었던 것으로 보여진다.

스진 천황릉에서 조금 북쪽의 덴리(天理)시 방향으로 다시라카(手白香) 황녀의 고분이 있다. 궁내청에서 이곳을 그녀의 무덤으로 지정하여 니시도노츠카(西殿塚) 고분이라고 알려지고 있다. 다시라카(手白香) 황녀는 6세기 제 26대 게이타이(継體) 천황의 황후로 이 두 사람은 백제 무령왕과 여러 가지 연관이 되는 역사적 인물로 많이 알려지고 있다.

그러나 이 고분은 인근에 있는 하시하카 고분 다음으로 조성된 대왕 묘로 추측되고 있다. 4세기 전반에 축조되었고 전장 약 234m의 규모의 전방후원분이다. 이 고분이 특이한 것은 전방부 정상에 거대한 방형단이 축조되어 있다는 것이다. 히미코(卑弥呼)의 묘라고 이야기되고 있는 하시하카 고분의 후원부 정상에도 원단이 있는 모습 등으로 두 고분의 연관성을 추측하고 있다. 그래서 이 고분은 히미코의 후계자 도요(臺与)[또는 이요(壱与)라고도 함]의 무덤으로도 주장되고 있는 곳이다.

하시하카(箸墓) 고분

다시 구로츠카 고분에서 야마노베노미치를 따라 남쪽으로 내려가면 게이코(景行) 천황릉에 다다른다. 이 능은 전장 약 300m 크기의 모습으로 4세기의 고분으로는 유일하게 거대한 규모를 보인다.

12대 게이코 천황은 스진(崇神) 천황의 손자이고 야마토다케루(日本武尊)의 아버지이다. 게이코 천황과 야마토다케루에 관한 이야기는 저자의 『규슈 역사를 따라 한국을 찾아 걷다』 중 미야자키의 구마소(熊襲) 정벌에 상세하게 언급했다. 참고하면 좋을 것 같다.

사쿠라이(桜井)시 방향으로 자연과 잘 어우러져 여유가 느껴지는 논밭 길을 걷다 보면 하시하카 고분에 도달한다. 이 고분은 전방후원분 중에 가장 오래된 형태 중의 하나이다. 앞에서도 설명을 했듯이 히미코의 묘라고 생각되기도 하는 곳이다. 전장 272m로 3세기 후반경에 축조되었다고 한다.

그러나 하시하카 고분은 고레이(孝靈) 천황의 황녀 묘인 야마토토토히모모소히메노미고토노오오이치노하카(倭迹迹日百襲姬命大市墓)로 정해져 '하시하카(箸墓) 전설'이라는 이름으로 전해지고 있다. 『일본서기』에 의하면 오오모노누시노가미(大物主神)의 처인 야마토토토히모모소히메노미고토(倭迹迹日百襲姬命)는 오오모노누시노가미와의 약속을 지키지 않고 노여움을 사서 젓가락이 음부를 찔러 죽게 된다. 그래서 그 후에 그녀가 묻힌 묘가 '하시하카 고분'이라고 불려져 왔다. 또한 이 묘는 낮에는 사람들이 만들고 밤에는 신이 만들었다고 한다.

역사적으로 이야기가 남아 있는 고분 여러 곳을 둘러보았다. 이제는 역사가 있고 아름다운 정원을 가진 쵸가쿠지(長岳寺)로 간다. 쵸가쿠지는 춘하추동 다양하게 아름다운 풍경으로 '꽃의 사원'이라고 불려지는 고찰이다. 824년에 고보(弘法) 대사가 인근에 있는 야마토(大

和) 신사의 신궁사(神宮寺)로서 창건하였고 오랜 역사를 가지고 있어 문화재도 많이 남아 있는 곳이다. 헤이안(平安) 시대 만들어진 일본에서 가장 오래된 종루문(鐘樓門)이 있는 조용한 경내에는 간결한 미가 있는 연못과 정원 주위로 여러 문화재들이 산재해 있다. 사원 전체가 울창한 숲에 안겨 아름다움을 보여 주고 있지만 특히 본당 앞의 조그마한 호수 건너편에서 호수와 함께 본당을 바라보는 경관이 아주 멋있어 나라를 소개하는 안내 책자 등에 많이 나오는 것을 볼 수 있다.

죠가쿠지(長岳寺)

본당의 아미타삼존(阿彌陀三尊)상은 1151년에 만들어진 것으로 알려지고 있고 중앙에 아미타여래(阿彌陀如來)상이 있고 양쪽에 관세음보살(觀世音菩薩)상과 세지보살(勢至菩薩)상을 볼 수 있다. 아미타여래는 서방의 저편 십만억토(十萬億土)에 극락세계를 열고 설법을 하고 있는 부처이다. 협시의 관세음보살은 아미타여래의 자비의 분신이고 세지보살은 지혜의 분신으로 알려진 불상이다.

그리고 후지와라(藤原) 시대에 만들어진 중요 문화재인 다문천(多聞天), 증장천(增長天)은 모두 인도 불교 이외의 신들이었으나 불교에 귀의하여 불교를 수호하는 신으로서 역할을 하고 있는 것으로 본당에 남아 있으며 800여 년이 지났음에도 채색이 잘 남아 있는 것을 볼 수 있다.

5.
초기 야마토 정권 탄생의 땅 마키무쿠纒向 고분

사쿠라이(桜井)시로부터 덴리(天理)시에 걸쳐서 나라 분지 동남부 지역에는 3세기부터 대왕 급의 고분이 축조되었다. 그러나 4세기 후반 이후가 되면서 이 분포는 나라시 부근의 후지와라교(藤原京) 주변 사기다테나미(佐紀盾列) 고분군, 오사카부 가나이(河內) 지역의 후루이치(古市) 고분군, 이즈미(和泉) 지역의 모스(百舌鳥) 고분군을 중심으로

마키무쿠(纒向) 유적 안내판

나타나게 되고 사쿠라이(桜井)시 주변의 세력은 쇠퇴하는 변화가 일어난다.

4세기부터 6세기경 일본 대왕들의 궁은 현재의 사쿠라이시 북부 시키(磯城)군의 시키(磯城), 마키무쿠(纒向), 사쿠라이시 동부의 하쯔세(泊瀬), 사쿠라이시 서부의 이와레(磐余) 등 사쿠라이시 전역에 걸쳐 분포한다. 즉, 사쿠라이시 지역은 고분 시대에 정권의 중추 지역으로서 지속되었던 것 같다.

이 지역에 넓게 퍼져 있는 오오야마토(大和) 고분군은 3세기 후반에서 4세기에 걸친 고분 시대 전기에 집중해서 남북 약 4.5㎞, 동서 1.5㎞의 범위에 전방후원분 30기 이상, 전방후방분 4기 등으로 구성되어 있다. 이 지역은 일본의 고분 시대의 시작으로서 전방후원분이 구축된 것을 볼 수 있는 곳이다. 또한 이 땅에 조영되었던 마키무쿠 유적은 왜국의 왕도였다고 추론되고 있다.

사쿠라이시 북부에 위치하는 마키무쿠 유적은 동서 2㎞, 남북 약 1.5㎞의 범위에 펼쳐져 있는 고분 시대 전기의 대규모 집락 유적으로서 알려지고 있다. 고분 출현기의 대형 전방후원분이 여러 개 존재하고 규슈에서 도쿄에 걸친 광범위한 지역과 교류를 나타내는 반입 토기가 다수 출토되고 있는 것으로부터 3세기에 일본 열도에 중심적인 집락이 존재했던 것으로 생각되고 있다.

마키무쿠 유적에서는 대규모 토목 공사가 이루어져 건물군과 제사 도구 그리고 타 지역에서 운반돼 온 토기 등이 다수 발견되고 있다. 정치 중심지가 이곳에 형성되었던 것으로 생각된다. 3세기 후반경 분구 길이 200m가 넘는 대형 전방후원분이 만들어지면서 고분 시대가 시작되고 나라 분지 동남부에 집중한다.

이렇게 4세기부터 6세기경의 사쿠라이시 지역은 고분 묘가 있는 것이나 문헌 자료에 나오는 내용으로 보았을 때 이 지역을 확인하는 것은 궁 유적을 발견하는 방법뿐인데 유감스럽게도 그 시기의 궁은 고고 자료로서는 확인되지 않고 있다. 그 시기의 궁 유적이 발견되면 일본 고대사의 공백을 메우는 대발견이 될 수 있다. 그런 면에서 이 지역은 지금도 계속 발굴 작업이 이루어지고 있다고 한다.

이곳에서는 다수의 동경과 옥 장신구, 철제 무기 등이 출토되었다. 피장자들이 종교적인 성격이 있었다고 보여진다. 4세기 말인 고분 시대 전기 말경에 축조된 고분에서는 후원부의 매장 시설과는 별도로 전방부에 매우 방대한 수량의 팔찌형 석제품이 출토되기도 하였다.

하니와(埴輪)는 일본 고분에서 그 주변에 세워진 토기 제품의 총칭인데 주로 원통 하니와와 형상 하니와가 있다. 원통 하니와가 최초에 사용되다가 4세기 후반 대에 집, 무기, 각종 동물 등을 표현한 형상 하니와가 사용되었다. 그리고 고분 시대 중기 후반에 해당되는 5세기 후반 이후에 인물 형상 하니와가 많이 사용된 것을 볼 수 있다.

동경은 관 내부와 관 주위에 다수 부장하는 것이 일본 고분의 특징이다. 거울의 뒷면은 신의 형상, 용 등 상상 속의 동물들이 표현된 것과 원, 활 모양과 같은 기하학적 문양 등 다양한 모양이 새겨져 있다.

5세기 고분 시대 중기가 되면 전방후원분은 더 대형화된다. 부장품으로 무기, 무구가 많이 묻히게 되고 토목 기술, 스에키 생산 기술 등 많은 새로운 기술들이 전해지면서 말, 부엌 모습의 스에키 등 당시 첨단 기술을 반영한 부장품들이 묻히게 된다.

6세기 고분 시대 후기에 들어서면서 그때까지 일부 제한된 권력자밖에 만들 수 없었던 고분이 일본 열도 각지에 만들어지게 된다.

7세기 후반이 되자 고분 축조가 급격히 줄어든다. 고분의 형태도 전방후원분은 축조되지 않고 대왕은 방분, 8각분 등이 만들어진다. 『속일본기』에 700년에 교기(行基) 승려의 스승인 도쇼(道照)가 화장되었다는 기록이 있다. 이후 고분은 만들어지지 않고 천황, 귀족, 관인 사이에서 화장이 확산되었다.

아직도 발굴되고 있는 마키무쿠 유적은 출토된 많은 유물들을 통해서 여러 가지 의미를 많이 함축하고 있는 지역이지만 저자의 『규슈 역사를 따라 한국을 찾아 걷다』에서 『삼국지』, 「위서 동이전」에 나오는 왜나라 최초의 여왕 히미코(卑弥呼)가 지배하고 있던 야마잇고쿠[邪馬壹國: 주로 야마타이고쿠(邪馬臺国)라 부름]의 위치를 규슈로 보는 설과 긴키 지역으로 보는 설이 지금도 여전히 논란이 되고 있고 마키무쿠 유적지도 그중의 하나인 곳이다. 아스카·나라 지역의 유적은 찾으면 찾을수록 일본 내의 다른 지역 그리고 한반도까지 연관이 있는 많은 이야기를 안고 있는 것을 알 수 있다.

7장

헤이죠쿄平城京 유적과 니시노쿄西ノ京 유적

1.
헤이죠교平城京와 헤이죠구平城宮 유적 자료관

고대 시대에 나라(奈良)에는 3개의 도읍이 있었다. 첫 번째가 고대 국가의 탄생지인 아스카(飛鳥)이고 두 번째가 최초의 계획적인 도읍을 조영한 후지와라교(藤原京)이며 세 번째는 율령 국가가 확립된 헤이죠교(平城京)라는 것을 앞에서 살펴보았다.

아스카는 스이코(推古) 천황이 즉위한 592년부터 694년 후지와라교로 천도할 때까지 약 100여 년간 천황의 궁전이 있으면서 일본의 고대 정치 문화의 중심지였던 곳이다.

헤이죠교(平城京) 유적터 안의 헤이죠구(平城宮)

후지와라교는 일본 최초로 바둑판 모양으로 설계된 계획 도시이다. 천도한 694년 말에는 동서남북으로 약 5.3㎞에 이르는 광대한 도읍 조영이 시작되었고 701년에는 다이호 율령이 정비되어 정치, 경제의 체제가 갖추어졌다. 거대한 궁터는 특별 사적으로 지적되어 있으며 인근에 '나라문화재연구소 후지와라구(藤原宮) 유적(跡) 자료실'과 '가시하라시 후지와라교(橿原市藤原京) 자료실' 등에서 발굴 유적과 유물들을 볼 수 있었다.

헤이죠교는 1,300여 년 전인 710년 현재의 나라시에 만들어진 도시로서 후지와라교에서 천도한 도읍으로 헤이죠교를 중심으로 율령국가로서 완성되면서 화려한 귀족, 불교 문화로 알려진 덴표(天平) 문화가 꽃피게 된다. 784년에 나가오카교(長岡京)로 천도할 때까지 74년간 일본 최대의 도시로 번영을 누린다. 보통 이때를 나라 시대로 부른다. 헤이죠교와 일본 여러 지역이 도로로 잘 연결되어 천황을 정점으로 한 통일 국가의 체제가 갖추어졌다. 현재 헤이죠교 유적은 유네스코 세계유산에 등록된 곳이다.

나가오카교로 천도 후 헤이죠교는 논밭이 되었지만 에도 시대 말기부터 메이지 시대에 걸쳐 보존 작업이 시작되면서 발굴 조사와 연구가 지속되어 2018년 3월에 '헤이죠구(平城宮) 유적 역사 공원'으로 개장된다.

헤이죠교는 쇼무(聖武) 천황이 740년부터 745년까지 일시적으로 구니노미야(恭仁宮), 시가라키노미야(紫香樂宮), 나니와노미야(難波宮)로 도읍을 옮기지만 그런 기간을 전후해서 헤이죠구는 크게 개축된다.

헤이죠교의 중앙 북단에 위치한 헤이죠구는 남북 약 1㎞, 동서 약 1.3㎞의 크기로 천황이 거주했던 나이리(內裏: 대궐), 의식이나 정무를 행했던 다이고쿠텐(大極殿)과 쵸도인(朝堂院), 관리 등이 근무하는 여러 관청, 연회장, 정원 등이 있었다.

이곳에는 복원한 다이고쿠텐과 스자쿠몬(朱雀門)이 있다. 다이고쿠텐은 천황의 즉위식이나 국가의 중요한 의식이 행해졌던 궁의 중심 시설이다. 내부에 천황의 옥좌인 다카미쿠라(高御座) 등 일부 시설도 복원되어 있다.

복원된 다이고쿠텐은 나라 시대 전기의 것으로 헤이죠쿄의 중심축 선상에 세워진 헤이죠구의 중심적인 건물이다. 나라 시대 후기에는 다이고쿠텐은 동쪽 구획의 남쪽으로 다시 만들어진다. 이것은 제2차 다이고쿠텐이라고 부르고 있다. 건물이 낡았기 때문이 아닌 뭔가 다른 이유가 있었던 것으로 보고 있다.

다이고쿠(大極)는 우주의 근원을 말하며 고대 중국의 천문 사상에 의하면 북극성을 의미한다. 다이고쿠텐은 715년 이전에 완성된 것으로 추정되고 있다.

복원된 다이고쿠텐 안에 전시된 것 중에 도반(幢幡: 국가 행사 때 장식하는 깃발)이라는 것이 있다. 3개의 깃대 위에 조형물이 있는 것과 4개의 깃발로 구성되어 있는데 중앙의 3개는 가운데에 날개를 펼친 큰 새의 조형물과 그 양옆에 달 모양의 조형물과 그 안에 두꺼비 그림, 해 모양의 조형물과 그 안에 삼족오 그림이 있으며, 그 옆으로 양쪽에 2개씩 총 4개의 깃발에는 동서남북을 표시하는 청룡, 백호, 주작, 현무의 그림이 그려져 있었다. 그 문양들이 고구려 고분 벽화에서 볼 수 있는 모습을 거의 비슷하게 재현해 둔 것을 보면서 한반도와의 깊은 연관성을 느끼게 되었다.

스자쿠몬은 궁의 정문으로서 이 문 앞은 외국 사절의 송영 의식을

행한다든지 궁과 관련된 여러 일들이 벌어진 장소였다. 지금은 거대한 모습으로 복원되어 있다.

이곳에서만 볼 수 있는 특이한 것은 헤이죠교 유적 안으로 오사카와 나라 사이를 운행하는 긴데쯔(近鉄) 나라(奈良)선이 다니는 기차길이 지나간다는 것이다. 다이고쿠텐과 스자쿠몬이 이 기찻길로 나뉘어져 있다. 현재 건널목을 두어 아침 8시부터 저녁 5시까지는 횡단할 수 있고 그 외의 시간은 폐쇄하여 유연하게 운영하고 있는 모습이다.

스자쿠몬 광장에는 여러 시설물들이 많이 있는데 그중에 견당사선(遣唐使船)을 만들어 물 위에 띄워 놓고 승선도 직접 할 수 있게 하고 있다. 조그마한 규모의 배인데 그 당시에 한반도 아래의 남해안, 서해와 동지나해를 지나 당나라까지 운항을 한 것을 보면 어려운 항로를 통해 위험을 무릅쓰고 당나라까지 오고가면서 다양한 문물의 교류가 이루어진 것을 생각해 볼 수 있는 곳이다.

스자쿠몬 광장은 헤이죠교 스자쿠오오지(朱雀大路) 유적과 연결되어 있고 이곳에서 나라역 방향으로 조금 걸으면 나가야오(長屋王)의 저택 유적 안내판을 볼 수 있다.

이곳은 대량의 목간이 출토되고 목간에 '나가야오(長屋王)'가 표시된 것이 출토된 사실 등으로 보아 나가야오의 저택으로 알려진 곳이다. 나가야오의 부친은 덴무(天武) 천황의 장남 다케치노미코(高市皇子)이고 모친은 덴지(天智) 천황의 딸 미나베노히메미코(御名部皇女)이고 왕의 부인은 겐메이(元明) 천황의 딸 기비노나이신노(吉備内親王)이다. 당시 일본의 권력을 휘어잡고 있던 후지와라 후히토(藤原不比等)의 사후 국정의 중심 인물이 되었으나 729년 모반의 의심을 받아 자살하는, 나라 시대의 비극적인 인물로 유명하다.

헤이죠구(平城宮) 유적 자료관

이고우(遺構) 전시관은 나라 시대 관청의 유구를 발견 당시 상태 그대로 보존·전시하고 있는 곳이다. 그리고 출토된 우물이나 목통 등의 귀중한 유물이나 조사 연구에 따라 복원 제작된 건물 모형 등도 전시하고 있다. 이를 보고 있으면 땅속에 묻힌 헤이죠구의 거대한 규모를 실감할 수 있다.

헤이죠구 유적 자료관은 헤이죠구, 헤이죠교 유적의 발굴 조사 결과물들을 전시하고 있다. 당시의 관청, 궁전 내부의 모습을 실물대로 재현해 놓고 출토품을 전시하고 있어 나라 시대 도시의 생활 모습을 알 수 있게 하고 있다.

저자가 이곳을 방문했을 때에 '지하의 쇼소인(正倉院)전'이라는 헤이죠구 유적에서 출토된 목간(木簡)의 특별전이 있었다.

이 목간 중 다수는 지방에서 수도로 물건을 보낼 때 첨부된 목간으로 물건 이름과 수량, 지명, 납세자의 이름 등이 기록되어 있다. 이 목간을 통해서 1,300여 년 전의 나라 시대에 어느 지방의 마을에서 어떤 세금이 모였는지, 수도까지 어떤 운반 방법을 이용했는지, 당시 여행의 경로와 왕복 일수는 어땠는지 파악이 가능했다. 그 당시의 상황을 구체적으로 알 수 있는 전시회였다.

전시 목간 중에 '고려(高麗)'라는 단어가 들어간 목간이 있어 소개하려고 한다. 당시에 발해를 고구려의 연장선상에서 인식하고 있었던 것 같다.

依遣高麗使廻來天平寶字二年十月二十八日進二階叙

고려(발해)에 파견되었던 사자가 758년에 무사히 귀국하여 위계 승진한다.

발굴된 목간은 여러 종류가 있으나 위의 문구를 포함한 목간은 당시 공무원들의 근무 평정 목간 중의 하나라고 한다. 또한 아라 가야가 있었던 한국 함안의 성산산성에서 출토된 목간과도 비교 설명하고 있는데, 내용을 보면 아주 구체적으로 연구한 듯하다. 묵서의 기입과 화물에의 첨부 순서가 한일 간에 서로 다른 점이 있었다고 언급하고 있던 내용을 볼 수도 있었다.

고대 아라 가야 지역인 함안의 성산산성에서도 1991년부터 2016년까지 약 245점의 목간이 발굴되었다. 그 내용에서 고대의 다양한 지명, 인명, 물건을 받는 방법, 문서 행정 등을 확인할 수 있는 중요한 자료가 되고 있는데, 이것이 일본에서 발굴된 것과 아주 유사하여 한일 간에 긴밀한 관련된 연구, 전시, 교류 등이 활발하게 이루어지고 있다. 그래서 2018년 10월에는 가야 문화재 연구소에서 '함안 성산산성 출토 목간의 국제적 위상'이라는 제목으로 한국, 중국, 일본의 연구자들이 모여 국제 학술대회도 개최했다. 그리고 '함안 성산산성 출토 목간의 여정'이라는 특별 전시회도 개최되어 고대인의 생활상에 대한 많은 내용을 알려 주었다.

일본의 여러 지역을 답사하다 보면 고대 한반도의 삼국 고구려, 백제, 신라의 유적들을 많이 찾을 수 있고 더불어 가야에 대한 내용도 많이 접할 수 있는데 그중에도 특히 함안의 아라 가야 관련 유물과 유적들을 많이 접하게 된다. 일본 내의 아라 가야 관련 내용도 상세히 찾아봐야겠지만 잘 알려지지 않은 함안 지역에 대한 깊은 연구에 대한 이해도 계속되어야겠다는 생각을 하게 된다.

2. 헤이죠교平城京 주변의 절들과 고분군

긴데쯔(近鉄) 나라선의 신오미야(新大宮)역에서 내려 북쪽으로 20분 정도 걸으면 후다이지(不退寺)가 있고 이곳에서 헤이죠구 방향으로 20분 정도 걸으면 가이류오지(海龍王寺), 홋게지(法華寺)가 나온다.

후다이지는 닌묘(仁明) 천황 때에 아리와라노 나리히라(在原業平)에 의해서 건립되었다. 809년 헤이제이(平城) 천황 양위 후 이 땅에 고쇼(御所)를 조영하였고 그 후에 헤이제이(平城) 천황의 손자인 아리와라노 나리히라가 847년에 이곳에 거주하게 되고 부친 왕을 제사 지내면서 본존 성관음상을 안치하고 중생 구도를 위해서 "부처의 가르침(法輪)을 튼튼히 해 물러서지 아니한다."라고 하여 후다이덴호린(不退轉法輪)이라는 호칭을 축약한 후다이지(不退寺)[나리히라지(業平寺)]라 불렀다.

이 절은 규모는 작아 보이나 헤이안 시대, 가마쿠라 시대, 모모 야마 시대의 작품들로서 절의 입구인 남대문, 본당, 다보탑, 성관음보살상, 오대명왕상 등 많은 유물이 중요 문화재로 지정되어 보존되고 있다.

후다이지(不退寺)

많은 국보, 중요 문화재가 있는 가이류오지와 홋게지가 있는 홋게지쬬(法華寺町)는 헤이죠구 유적에 인접하면서 고묘(光明) 황후와 관련 있는 지역이다. 또한, 많은 고분과 능이 모여 있는 사기다테나미(佐紀盾列) 고분군 등 많은 역사적 문화재에 둘러싸여 있는 곳으로 와쯔지 데즈로(和辻哲郎)의 『고사순례(古寺巡礼)』, 스키모토 소노고(杉本苑子)의 『나의 고사순례(古寺巡礼)』 등 많은 문인들의 관심을 받아 여러 책자에 나오는 곳이기도 하다.

가이류오지(海龍王寺)

가이류오지(海龍王寺)는 710년 헤이죠교로 수도를 이전하면서 이 지역에 후지와라 후히토(藤原不比等)가 저택을 지을 때 부근 일대를 지배하고 있던 하지(土師) 씨로부터 토지를 할양받으면서 인근에 하지(土師) 씨와 관련 있는 절을 남겨 놓았다. 720년 후지와라 후히토(藤原不比等)가 사망하고 딸인 고묘(光明) 황후가 이곳에 기거하게 되면서 '황후궁내 사원(皇后宮內寺院)'이 된다. 735년 견당 유학승으로 간 겐보(玄昉)는 귀국 시에 광풍노도의 바다에서 표류하다 간신히 살아 헤이죠구로 온다. 쇼무 천황, 고묘 황후의 지원으로 겐보는 당의 낙양에서 배운 가이류오지를 '헤이죠구내 도장'으로 '천황가의 사원'으로 만들어 번창하다 헤이안교로 천도 후 쇠락과 번영을 반복하면서 오늘에 이른다.

이 절의 국보 오중소탑(五重小塔)과 중요 문화재 서금당(西金堂)은 고묘 황후 궁내에 남은 유일한 나라 시대 건조물이며 궁정 사원의 가람을 현재까지 전하고 있는 곳이다.

현재 나라에 남아 있는 수많은 불교 유물 중 헤이죠교 시대에 불교에 심취한 쇼무 천황과 고묘 황후의 영향에 의해 이루어진 것이 많은 것을 알 수 있다.

쇼무 천황은 불교에 심취해 귀의하게 되고 741년에는 전국에 고쿠부지(國分寺) 건립을 명해 지금도 수많은 고쿠부지 흔적이 여러 지역에 남아 있는 것을 볼 수 있다. 저자의 『규슈 역사를 따라서 한국을 찾아 걷다』에도 규슈 각 지역에 있는 고쿠부지와 마주치면서 그곳에 얽힌 이야기들도 기록한 기억이 있다. 743년에는 도다이지(東大寺)의 노사나불상(盧舍那佛像)의 건립을 주도하고 나라 불교 중흥의 기초를 쌓았다. 고묘 황후도 불교에 귀의하고 쇼무 천황과 함께 고쿠부지 건립을 지원한다.

홋게지(法華寺)도 가이류오지와 같이 후지와라 후히토의 사후 그의 저택을 딸인 고묘 황후가 그 집에 기거하게 되면서 '황후궁내 사원(皇后宮內寺院)'이 된다. 『속일본기』에 745년 황후궁사(皇后宮寺)로서 이 절이 시작한다는 기록이 있다.

당시 도다이지가 전국 총 고쿠부지인 것에 대하여 홋게지는 총 고쿠부니지(國分尼寺)의 위치에 있었다. 원래 이름은 '홋게메쓰자이노데라(法華滅罪之寺)'였다.

홋게지의 본존인 십일면관음상(十一面觀音像)은 평소에는 공개를 하지 않고 봄, 가을로 1년에 두 번 공개하는 불상으로 국보이다. 높이가 약 1m 정도의 크기로 인도의 불사(佛師)인 문답사(問答師)가 고묘 황후의 모습을 모방해서 만들었다고 전해지고 있다.

홋게지(法華寺)

쇼무 천황과 함께 그의 부인인 고묘 황후는 이곳 나라에서는 수많은 유물과 유적을 남긴 황후로 기억되고 있는 인물이다. 그 당시 기록을 통해 그녀의 이야기를 들여다본다.

729년 황족 출신이 아닌 여성인 고묘시가 공식으로 쇼무 천황의 황후가 된다. 앞에서 보았듯이 당시 절대 권력자인 후지와라 후히토가 그녀의 아버지였다.

몬무(文武) 천황과 후지와라 후히토의 딸 미야고(宮子) 사이에서 태어난 오비도노미고(首皇子)가 후에 쇼무 천황이 된다. 그리고 고묘시는 미야고와는 자매간이지만 오비도노미코와는 숙모 조카 사이이다. 후지와라 후히토의 정략에 의해서 황후가 되기는 했어도 고묘시는 황후로서 자질과 지혜가 있었다고 한다. 당시 일본에서는 나가야오(長屋王)가 모반을 의심받자 자살하는 사건이 있었고, 천연두가 대유행하고, 대지진이 발생하고 규슈에서는 반란이 일어나면서 많은 피해가 발생하는 등 나라 전체가 어지러운 시기였다.

쇼무 천황은 안녕을 기하기 위하여 천도를 하게 된다. 그런 중에 고묘 황후는 가난한 사람들을 보살피는 '비전원', 의료 시설인 '시약원' 등을 설치하여 자선활동을 하고 쇼무 천황의 발원으로 도다이지 건립에 힘을 합친다.

두 사람 간에는 후에 고겐(孝謙), 쇼토구(称徳) 천황이 되는 아베(阿培)내친왕이 태어난다. 그리고 쇼무 천황이 사망한 후에 유품들을 도다이지에 기증하게 되고 이 보물들은 현재 쇼소인(正倉院)에서 모아 보관하고 있다. 이곳의 보물 중 한반도와 관련된 많은 귀중한 유물들이 있는 것을 앞에서 알게 되었다. 이곳의 보물들은 매년 한 번씩 나라 국립박물관의 쇼소인전에서 일부만 공개되고 있으며 그 기간에 수많은 사람들이 모여들어 감상하고 있는 것을 볼 수 있다.

이 절에 특이한 것은 '가라 후루(風呂)'라는 욕실(浴室)이 별도의 건물로 있다는 점이다. 국가 지정 중요 유형 민속문화재인 이 욕실은 건조물로서는 처음으로 민속문화재로 지정된 곳이다.

고묘 황후가 스스로를 천인의 황후라고 세간에 알린 전설이 있는 증기 목욕탕이다. 여러 가지 복지시설을 만든 고묘 황후가 많은 환자들이 목욕을 할 수 있게 만든 것으로 알려지고 있으나 욕실의 이름을 '가라'라고 붙인 것에 대하여는 명확하게 알려진 것은 없다.

700년대의 건물은 없고 에도 시대에 재건된 건물을 2003년 9월에 해체·수리하여 목욕 가마를 복원한 것이 남아 있는 곳이다.

그리고 긴테쯔(近鉄) 교토(京都)선 헤이죠(平城)역에서 내리면 근처에 4세기 후반부터 5세기 전반에 걸쳐 축조된 사기다테나미(佐紀盾列) 고분군의 주아이(仲哀) 천황의 황후인 진구(神功) 황후릉, 세이무(成務) 천황릉, 고켄(孝謙) 천황릉, 스이닌(垂仁) 천황 황후 히바스히메노미고토(日葉酢媛命)릉 등의 고분들이 산재해 있다.

저자의 『규슈 역사를 따라서 한국을 찾아 걷다』에서 규슈에 남아 있는 진구 황후 관련 유적지를 찾아 많은 이야기를 기록하면서 다소 황당하고 의아한 것들이 있었는데 또 이곳에서도 진구 황후릉이 왜 이곳에 있는지 궁금증이 생겼다. 당시 천황인 주아이 천황의 능과 아들인 오진(應神) 천황릉은 오사카의 후루이치(古市) 고분군 지역에 있는데 황후의 능은 멀리 떨어진 이곳에 있는 이유를 추측할 수 있었다.

뒤에서 방문하는 사기다테나미 고분군의 남쪽이고 스이닌(垂仁) 천황릉 북쪽의 스가와라(菅原) 씨족의 근거지인 스가와라죠(菅原町)는 『일본서기』의 스이닌 천황 때에 일본에 건너온 기록이 있는 신라 왕자 아메노히보고(天日槍) 후손들의 정착지인 것을 알 수 있다.

그리고 『고사기』의 기록에 진구 황후가 아메노히보고의 7대 후손이라는 것을 알게 되었다. 아메노히보고 후손들의 정착지인 이곳에 진구 황후의 고분이 조영된 것은 어쩌면 당연했을지도 모르겠다. 한일 고대사에 얽혀 있는 실타래가 조금 풀리는 듯한 기분이 들었다.

3.
사이다이지西大寺

사이다이지(西大寺)는 긴테쓰(近鉄) 나라(奈良)선, 긴테쓰(近鉄) 교토(京都)선, 긴테쓰(近鉄) 가시하라(橿原)선이 모두 만나는 야마토사이다이지(大和西大寺)역에 내려 서쪽으로 걸어가면 바로 만날 수 있다.

사이다이지의 창건은 나라 시대 쇼토구(称德) 천황 765년 때 조영을 시작하여 780년까지 계속되었으며 당시의 규모는 현재와는 비교가 안 될 정도로 광대했던 것으로 알려지고 있다. 이곳에는 약사(藥師), 미륵(弥勒)의 양 금당(金堂)과 동서 양탑, 사왕당원(四王當院), 11면당원(面堂院) 등 수백 개의 건축물이 있었다. 동(東)의 도다이지(東大寺)에 대하여 서(西)의 대사(大寺)여서 '사이다이지'로 읽는다. 그 이후 이 절은 역사 속에서 3번의 큰 화재로 가람이 쇠퇴한 것으로 전해지고 있다.

사이다이지(西大寺) 동탑 유적지

그러나 가마쿠라 시대에 유명한 승려인 고쇼(興正) 보살이 이 절에 들어와 부흥에 힘쓴다. 진언율종(真言律宗)의 근본도장으로서 가람이 정비되고 그 후에도 화재로 소실되기도 하였으나 현재는 진언율종의 총본산으로서 절의 격이 높은 곳이다. 이곳에는 13~14세기에 제작된 불상들이 많이 남아 있다.

본당에는 본존 석가여래입상(釋迦如來立像), 문수보살기사상(文殊菩薩騎獅像) 및 사시자상(四侍者像)의 문수오존상(文殊五尊像), 미륵보살좌상(彌勒菩薩坐像) 등이 있다.

금당 앞에는 나라 시대에 건축된 동서 양탑 중 동탑 유적지가 있다. 지금 보기에도 기단이 거대하고 초석이 큰 것으로 봐서 그 위용이 대단했을 것으로 보인다.

765년 동서에 팔각 칠중 대탑의 건립을 계획하여 8각의 기단이 만들어졌던 것을 사각의 기단으로 변경하여 높이 약 46m의 오중탑이 동서에 건립되었다. 서탑은 헤이안 시대에 천둥으로 소실되고 동탑도

무로마치 시대에 병화로 소실되었다. 현재의 동탑 유적지의 사각 기단은 창건 당초의 것이고 그 주위 팔각의 돌들은 최초에 만들어진 팔각 기단 유적이다.

취보관(聚宝館)에는 이 절의 보물들을 수장하고 일부를 전시하고 있다. 아축(阿閦), 보생(宝生), 미륵(弥勒), 석가여래좌상(釋迦如來坐像) 4 불상이 탑의 4방불(方佛)로 있었던 것으로 나라 시대 후기의 작품으로 알려지고 있다. 그리고 길상천입상(吉祥天立像), 대흑천입상(大黑天立像), 대흑천의상(大黑天倚像), 행기보살좌상(行基菩薩坐像) 등이 있다.

애염당(愛染堂)에는 본존인 애염명왕좌상(愛染明王坐像)과 흥정보살예존좌상(興正菩薩叡尊坐像)이 있고, 사왕당(四王堂)에는 사천왕입상(四天王立像) 및 사귀(邪鬼)와 본존 11면관음입상(11面觀音立像)이 있다.

오구노인(奥の院)에는 가마쿠라 시대의 석조오륜탑(石造五輪塔)이 있다.

그 외의 보물로서 헤이안 초기 도래인의 후손인 구다라노가와나리(百濟河成), 고세노가나오카(巨勢金剛) 중 한 명의 그림으로 알려진 견본저색(絹本著色) 십이천화상(十二天画像), 가마쿠라 시대의 문수보살화상(文殊菩薩画像) 등의 불화와 철보탑(鉄宝塔), 오병사리용기(五瓶舍利容器) 및 사리탑(舍利塔), 단탑(壇塔), 늑봉사리탑(勒封舍利塔) 등이 대부분 국보로 보존되고 있다.

그리고 창건 시기에 구다라노도요무시(百濟豊虫)가 쓴 금광명최승왕경(金光明最勝王經) 10권, 대일경(大日經) 7권 등 각종 경전, 고문서 등도 국보로 남아 있는 것으로 알려지고 있다.

구다라노가와나리와 고세노가나오카는 헤이안 시대에 화가로서 명성을 떨친 도래계 인물들이다. 구다라노가와나리는 『신찬성씨록』에 백제 28대 혜왕의 후손으로 알려지고 있는 인물이다. 그에 대해서는 『일본문덕천황실록』, 『지금과 옛날 이야기집(今昔物語集)』 등의 문헌이 신비에 가까운 그림 실력을 이야기와 함께 알려 주고 있다.

고세노가나오카는 고세(巨勢) 씨의 후손인데 도래계의 최고 권력자인 소가(蘇我) 씨의 선조인 다케노우치노스구네(武内宿禰)를 같은 선조로 하고 있지만 신라의 시조 박혁거세의 이름과 같은 발음으로 신라와 깊은 관계가 있는 것으로 보인다.

경상도에서 동해 건너 일본 쪽의 지역인 마쯔에(松江)시에 있는 야에가키(八重垣) 신사의 벽화에는 일본 최고신인 아마테라스 오오가미의 형제 신이면서 신라와 관계 있는 스사노오노미고토(素戔嗚尊)와 관련된 신들이 그려져 있는데 이 벽화를 고세노가나오카가 그린 것으로 알려지고 있다.

나라 시대에는 '동쪽에 도다이지, 서쪽에 사이다이지'라고 불릴 정도로 사이다이지는 그 당시에는 규모가 컸던 것으로 알려지고 있다. 지금은 아주 규모가 축소된 모습이지만 현재 나라시의 대불로 유명한 도다이지를 직접 걸으며 생각해 보면 사이다이지의 규모는 짐작할 수 있을 것이다. 앞에서 현재 남아 있는 불상 등 유물에 대하여 간략하게 소개하였으나 하나하나에 남겨져 있는 이야기들을 추적하면 더 많은 이야기를 찾을 수 있을 것이라 생각이 든다.

2017년 7월에는 '나라 사이다이지전'이라는 전시에서 유명한 보물(名宝), 비불(秘仏) 등을 많이 공개하고 있었다. 이곳은 워낙 보물이 많아 특별전을 하는 등 특별한 기간을 정해 한정된 보물만을 전시하고 있어 기간에 맞춰 관심을 지속적으로 가지면 더 많은 것을 알게 될 것이라 생각이 든다.

4.
스이닌垂仁 천황릉과 스가와라菅原 근거지

스이닌(垂仁) 천황은 스진(崇神) 천황의 아들로 대를 이어 11대 천황으로 재임하나 스진 천황릉과 천황에 대한 이야기는 나라 분지 동남쪽의 야마노베노미치(山の辺の道)에 남아 있는데 아들인 스이닌 천황의 능은 나라에서 정반대인 서북쪽에 위치하고 있어 다소 의외의 장소에 있다는 생각이 드는 곳이기도 하다.

스가와라 덴만구(菅原天満宮)

저자의 『규슈 역사를 따라서 한국을 찾아 걷다』의 이도국(伊都國) 관련 이야기 설명에서 『일본서기』 스이닌 천황 때에 신라 왕자 아메노히보고(天日槍)가 일본에 건너가 일본의 왕에게 옥, 동 거울, 창, 칼 등 8가지 보물을 바쳤고 그 후에 여러 지역에 많은 유적을 남긴 것을 알 수 있다.

오사카의 쯔루하시(鶴橋)역 인근의 히메고소(比賣許曾) 신사도 아메노히보고와 관련 있고 특히 교토 옆의 시가(滋賀)현 오미(近江)의 호수 주변으로 있는 많은 신사에서 아메노히보고를 제사 지내고 있는 것을 알 수 있다. 쿠사쯔(草津)시의 2개의 야스라(安羅) 신사와 릿도(栗東)시의 고야스라(小安羅) 신사, 료오죠(龍王町)의 가가미(鏡) 신사, 나무라(苗村) 신사 등에 그 이야기가 남아 있다. 한반도와 바로 맞닿아 있는 규슈에서부터 긴키 지역까지 아메노히보고의 흔적은 지금도 생생히 남아 있는 것을 알 수 있다.

스이닌 천황릉이 있는 이곳에도 아메노히보고의 이야기가 남아 있는 것을 알 수 있다. 스이닌 천황릉을 둘러싸고 있는 호에 떠 있는 조그만 섬은 신라 왕자 아메노히보고의 자손 다지마모리(田道間守)의 묘로 알려지고 있다.

『일본서기』 스이닌 천황 3년 조에 다지마모리는 천황의 명을 받고 도키지구노가쿠노미(非時香菓: 항상 황금색의 과일의 의미로 귤로 추측)를 찾으러 멀리 갔는데 그 사이 천황이 사망하고 그 후에 돌아와 천황이 죽은 것을 알고 비탄에 빠져 천황릉 옆에서 자살했다고 하는 이야기가 전하고 있다.

그리고 다지마모리의 묘에 대해서는 『일본서기』, 『고사기』에는 기록이 없으나 『석(釈)일본기』 권 10에 게이코(景行) 천황이 다지마모리의 충심을 애도하여 스이닌 천황릉 가까운 곳에 장사를 지냈다는 기록이 있고 현재 스이닌 천황릉 호안에 조그마한 묘가 있어서 이 묘를 다지마모리의 묘로 정하고 있다고 한다. 천황릉과 함께 남아 있는 특이한 묘이다. 이곳은 기차를 타고 남쪽으로 내려가다 오른편 창가로도 볼 수 있다.

스이닌 천황릉 북쪽은 스가와라쵸(菅原町)라는 지명을 갖는 마을이다. 이곳에 스가와라 덴만구(菅原天滿宮)가 있다. 이곳도 저자의 『규슈 역사를 따라서 한국을 찾아 걷다』의 후쿠오카 다자이후 덴만구(太宰府天滿宮)에서 기술했듯이 일본에서 학문의 신으로 추앙받는 스가와라노미치자네(菅原道眞)와 그의 시조를 제사 지내는 덴만구(天滿宮)이다.

이곳은 스가와라 가문의 발상지이고 스가와라노미치자네의 탄생지로도 유명한 곳이다. 경내에는 7개의 와우(臥牛)상이 있고 매화 나무, 후데즈카(筆塚) 등이 있어 스가와라노미치자네와 관련이 많은 것을 볼 수 있다. 이곳의 안내판에는 다음과 같은 내용으로 이곳의 유래에 대하여 기록하고 있다.

이곳은 스가와라 가문의 1계(系) 3신(神)을 제사 지내는 일본에서 가장 오래된 덴만구(天滿宮)이다. 스가와라 가문의 시조인 아메노호히노미고토(天穗日命)는 일본의 최고의 신인 아마테라스 오오가미(天照大神)의 아들이고 이 가문 중흥의 조상인 노미노스쿠네(野見宿禰)는 스이닌 천황의 황후가 사망했을 때 옛날부터 악습이었던 순장을 금지하고 대신에 하니와(埴輪)를 매장하는 것을 건의하고 실현한 공적으로 하지(土師) 씨 성을 하사받는다. 또한 다이마노케하야(當痲蹶速)와 힘을 겨뤄 승리하면서 일본에서 스모의 시조로도 불린다.

하지 씨는 스가와라 땅에서 풍부한 황토와 소나무를 활용해서 하지기(土師器)와 하니와의 제작에 종사하면서 이곳을 본거지로 하여 각지로 세력을 확장한다.

스가와라 가문의 선조인 노미노스쿠네와 하지(土師) 씨에 대한 유적이 긴키 지역의 여러 곳에 남아 있는 것을 알 수 있다. 오사카의 하지노사토(土師ノ里) 지역의 도묘지 덴만구(道明寺天満宮)와 오사카, 나라 경계의 다이마(当麻) 지역의 스모(相撲)관, 나라 동부의 스모(相撲) 신사 등에 이야기가 남아 있는 것을 볼 수 있다.

인근에는 최근에 스가와라히가시이세키하니와가마아도군(菅原東遺跡埴輪窯跡群)이 발견되어 '스가와라 하니와 가마(菅原はにわ窯) 공원'이라는 명칭으로도 불리고 있다. 이곳은 헤이죠구(平城宮) 주변으로 있는 사기다테나미(佐紀盾列) 고분군의 능묘 조영에 활약했던 하지 씨의 거주지인 스가와라(菅原) 지역이 예전부터 하지 씨 호족이 살고 있었고 고분을 만드는 일에 관련되어 있었던 것이라는 근거가 되고 있다. 그리고 이곳에서 고분에 세우는 하니와를 굽는 가마가 발견된 것 등이 이를 뒷받침한다. 이곳에는 6개의 하니와 가마가 있었고 현재 발굴 당시의 상태를 견학할 수 있도록 정비되어 있다.

하지 씨는 하지후루히토(土師古人)가 781년에 지명과 연관 지어 성을 스가와라(菅原)로 개명한다. 이때쯤에 이 신사가 씨 신사로서 창건되었다고 전해진다. 이후 3대 후에 스가와라노미치자네(菅原道真)가 출생한다.

이 신사의 동쪽 인근에 스가와라노미치자네가 태어날 때 목욕물로 사용한 덴신구쯔(天神堀)라는 연못도 안내판을 설치하여 내용을 설명하고 있었다.

스가와라노미치자네는 총명하고 문장에 뛰어나 899년 우대신이 되는 등 출세하나 후지와라(藤原) 가문과의 싸움에서 패해 현재의 후쿠오카 다자이후(太宰府)로 좌천하게 된다. 그리고 그곳에 많은 이야기를 남기고 그곳에서 903년 2월 25일 59세로 사망한다.

기고지(喜光寺)

스가와라노미치자네 사망 이후 전국 각지에 그를 제사 지내는 신사가 설립되어 스가와라노미치자네는 덴만구(天満宮)의 천신으로 숭상받게 된다. 그중에서도 스가와라 가문 발상의 땅이면서 탄생지에 있는 스가와라 덴만구(菅原天満宮)와 마지막의 땅인 후쿠오카에 있는 다자이후 덴만구(太宰府天満宮) 및 교토의 기타노 덴만구(北野天満宮)는 지금도 중요한 신사로 여겨지고 있다.

이 신사의 남서쪽에 바로 있는 기고지(喜光寺)는 721년 나라 시내의 도다이지(東大寺) 조영과 깊은 관계가 있는 교기(行基) 보살이 창건한 스가와라 씨의 씨사이다. 이 지역은 헤이죠교(平城京)의 우경 3조 3방에 해당하는 통칭 '스가와라(菅原)의 마을'이라고 불리는 곳이어서 '스가와라데라(菅原寺)'라고 불리고 있었다. 그리고 쇼무(聖武) 천황이 이 절을 방문했을 때 본존불인 아미타불이 빛을 발했다고 해서 그 이후에 스가와라데라를 기고지(喜光寺)라 부르게 된 것으로 전해지고 있다.

교기 보살은 도다이지(東大寺)를 조영할 때 이 절의 본당을 참고해서 한 것으로 알려지고 있다. 그리고 본당은 '도다이지 대불전의 시험으로 만든 당(堂)'이라고 알려지고도 있다. 그래서 그런지 이 절의 입구에서 본당을 보는 위치에 도다이지 대불전의 사진을 걸어 놓고 있었다. 이 사진과 비교해서 보면 이 절이 규모는 작지만 두 절은 서로 같은 분위기인 것을 알 수 있다.

백제에서 도래한 오닌(王仁)의 후손이면서 도다이지의 조영뿐만 아니라 이 절과도 깊은 관련 있고 현재도 나라의 여기저기에 동상이 세워져 있는 행기 보살은 이 절에서 입적했다고 한다. 이 지역의 역사를 살펴보면서 일본 역사에 큰 활약을 남긴 많은 도래계 인물들의 이야기가 이곳에도 많이 남아 있는 것을 알게 되었다. 규슈에서부터 긴키 지역까지 역사를 따라 한반도와 관련된 이야기가 연결되는 지역이라 의미가 큰 답사였다.

5.
야쿠시지藥師寺, 도쇼다이지唐招提寺

야쿠시지(藥師寺), 도쇼다이지(唐招提寺)는 긴데쯔(近鉄) 가시하라(橿原)선 니시노교(西ノ京)역에서 내리면 남쪽으로 야쿠시지, 북쪽으로 도쇼다이지를 방문할 수 있다. 또한 긴데쯔 나라역, JR 나라역 앞에서 버스를 이용하여 방문하기도 한다. 이 2개의 사원은 유네스코 세계 유산으로 등록된 문화재이기에 항상 많은 관람객으로 붐비는 곳이다.

야쿠시지(藥師寺) 금당

야쿠시지는 법상종(法相宗)의 대본산으로 680년 덴무(天武) 천황 때 발원하여 지토(持統) 천황 때를 거쳐 몬무(文武) 천황 때 후지와라교(藤原京) 땅에서 완성되었으며 710년 헤이죠교(平城京) 천도 시에 현재 위치로 이전했음을 앞에서 설명했다. 당시는 금당을 중심으로 동서 양탑, 강당, 회랑 등이 세워져 있었고 건물들이 아름다워 "용궁을 만들어 놓은 것 같다."고 했다고도 한다. 1,300여 년이 지나면서 화재로 동탑, 동원당, 그리고 금당 본존인 약사삼존상 등을 제외하고 대부분 불타 버려 그 후 1967년에 많은 곳이 재건된 곳이다.

야쿠시지 가람은 하쿠호(白鳳) 가람, 겐죠산죠인(玄奘三藏院) 가람 두 지역으로 크게 나뉘어 있다.

하쿠호(白鳳) 가람 지역에 있는 금당은 1976년 복원한 건물이고 그 내부에 약사삼존상(藥師三尊像)이 있는데 약사여래(藥師如來)를 중심으로 오른쪽에 일광보살(日光菩薩), 왼쪽에 월광보살(月光菩薩)이 배치되어 있어 약사삼존상이라 불려진다. 약사여래는 동방 정유리정토(東方淨琉璃淨土)에 있는 부처로서 또 다른 이름으로 의왕여래(醫王如來)라고도 한다. 우리들의 몸과 마음의 병을 구해 준다는 불상이다. 이 본존의 좌대에는 여러 가지 모습이 조각되어 있는데 특이한 것은 고구려 고분 벽화에서 보이는 청룡, 백호, 현무, 주작의 사신도가 조각되어 있다는 점이다. 사원에 사신도가 있는 것은 아주 특별한 것이고 이 사찰이 덴무 천황과 관련이 있는 데서 그 원인을 찾기도 하는데 정확한 것은 알려진 것이 없다.

협시의 일광, 월광보살은 움직임이 있는 아름다운 자세로 이상적인 사실미를 완성한 세계에서 최고의 불상이라고 알려져 있다. 다른 불상과는 다르게 여성의 관능적인 모습까지도 느껴질 정도로 색다른 모습하며 그 아름다움은 말로 표현하기가 쉽지 않다.

그리고 대강당은 2003년에 야쿠시지 독자의 양식으로 가람 최대의 건축물로 복원된 곳이다. 고대 시대에 기원이 있는 가람을 최근에 재건한 건물을 너무 크게 만들었다는 생각이 들었는데 고대 가람에서는 다수의 학승들이 모여 경륜을 하고 법회도 하는 것에 유래한 것이라는 설명을 볼 수 있었다.

하쿠호 시대에 건립되어 국보인 동탑은 각 층에 모코시(裳階: 탑의 각 층 밑에 둘러친 처마)가 끼어 있어 6층 탑처럼 보이나 3층 탑이다. 이 특이한 형태가 전체의 율동미를 가지는 아름다움을 보여 주고 있다.

서탑은 소실된 것을 1981년에 창건 당초의 하쿠호 양식으로 재건한 것이다. 화려한 모습의 서탑은 오랜 기간 눈바람에 상처를 입은 동탑과 나란히 서서 아주 인상적인 모습을 보여 주고 있으나 현재 동탑은 전면 해체 보수 작업이 2020년 6월까지 진행되고 있어 전체 모습을 볼 수는 없다.

동원당은 기비노나이신노(吉備內親王)가 겐메이(元明) 천황을 위해 8세기 초에 건립하였다. 보통 고대 사원의 법당은 흙바닥이지만 동원당은 나무 널빤지를 깔았으며 선당(禪堂)이라고 불렸던 것으로 보아 재건된 13세기 가마쿠라 시대에는 선의 영향이 컸던 것을 짐작할 수 있다. 본존인 성관세음보살상(聖觀世音菩薩像)은 눈에 보이지 않는 것을 보고 귀에 들리지 않는 소리를 들어 사람들을 구해 주는 보살로 오래전부터 널리 신앙의 대상으로 섬겨져 왔다. 성관세음보살상은 어깨까지 내려온 머리카락, 2중의 목걸이, 투명한 의복, 섬세한 손가락의 움직임, 직립 부동의 직선적인 자세 등으로 기품과 단아함이 있는 숭고한 자세로 많이 알려진 불상이다. 당나라 초기에 중국을 통해 들어온 인도 굽타 왕조의 영향을 받아 단정하고 우아하면서도 그 젊음 속에 품위가 느껴져 '바라는 것이 승화되어 가는 숭고한 모습'이라는 표현 그대로 아름다움을 가지고 있는 불상이다.

사천왕상은 1289년에 제작된 것으로 알려지고 있는데 눈에는 옥을 끼웠으며 얼굴의 채색은 고대 중국의 사방사신 사상에 의거하여 동쪽의 지국천왕(持國天王)은 청룡(青龍)으로 파란색, 남쪽의 증장천왕(增長天王)은 주작(朱雀)으로 붉은색, 서쪽의 광목천왕(廣目天王)은 백호(白虎)로 하얀색, 북쪽의 다문천왕(多聞天王)은 현무(玄武)로 검은색으로 칠해져 있다.

야쿠시지 금당의 본존인 약사삼존상과 동원당(東院堂)의 본존인 성관세음보살상은 모두 국보이고 7세기 말경의 하쿠호 시대의 불상이다. 『고사순례(古寺巡礼)』의 저자 와쯔지 데즈로(和辻哲郎)가 언급한 것을 포함하여 수많은 문인, 예술가들이 얼굴 표정, 앉은 자세 등의 청정한 모습에 매료된 곳이다. 약사여래상이 연꽃의 화려함과 비슷하다고 하여 야쿠시지에는 연꽃이 참 많이 피어 있는 것을 볼 수 있다. 연꽃은 진흙물 속에서 꽃송이가 큰 꽃을 피우는 것으로 불교에서는 청정한 마음을 상징하는 것이다.

겐죠산죠인(玄裝三藏院) 가람 지역에는 겐죠(玄裝)탑, 경장(経蔵) 등이 있고 저자가 방문했을 때는 '대당서역벽화전(大唐西域壁畫殿)'을 하고 있었다.

야쿠시지의 북쪽에 있는 도쇼다이지(唐招提寺)는 율종(律宗)의 총본산이다. 이곳은 앞에서 방문한 야쿠시지와는 분위기가 많이 다른 곳이다. 야쿠시지는 오래된 사원이지만 재건축한 건물들의 거대한 규모로 인해 고즈넉한 분위기는 없는 반면에 도쇼다이지는 옛 모습을 많이 간직하고 있는 건축물들로 나라 시대 당시의 분위기를 느낄 수 있는 정경이다.

도쇼다이지(唐招提寺) 금당

이 절은 당나라의 고승 감진 화상(鑑真和上)이 759년에 이 지역에 불교의 계율을 배우는 사람들을 위한 수행의 도장으로서의 절이라는 도리쓰쇼다이(唐律招提)를 창건한 것이 그 유래이다. 감진 화상은 일본에서 건너온 유학 승려들로부터 일본 조정에서 계율을 가르치는 스님이 되어 달라는 간곡한 요청을 받아들여 일본으로 도항할 것을 결심하여 12년간 5회에 걸쳐 도항을 시도하였으나 실패하면서 실명할 정도의 고난을 극복하고 753년 6번째의 도항 끝에 일본으로 오게 되는 과정을 거쳤다.

정문인 남대문을 통과하여 자갈이 깔린 넓은 길을 걸으면 정면에 보이는 건축물이 8세기 나라 시대에 만들어진 금당(金堂)이다. 이곳에는 본존 노사나불(盧舍那佛) 좌상, 약사여래(藥師如來) 입상, 천수관음

(千手観音) 입상이 안치되어 있다. 저자가 방문했을 때는 천수관음의 손을 모두 분리하여 수리 후 다시 안치해 둔 것을 볼 수 있었고 그 재건 과정을 사진으로 전시하고 있는 것을 보면서 문화재 관리를 위해 많은 노력을 하고 있는 것을 알 수 있었다.

뒤쪽의 강당(講堂)도 나라 시대에 만들어진 곳으로 본존 미륵여래(彌勒如來) 좌상, 지국천왕(持國天王), 증장천왕(增長天王) 입상 등이 안치되어 있다.

그리고 나라 시대에 만들어진 경장(経藏)은 이곳에서 가장 오래된 건축물이다. 경장의 북쪽에 있는 보장(寶藏)은 도쇼다이지 창건 시에 건립되었다고 전해지는데 기둥을 사용하지 않고 나무를 우물 정자로 쌓아 올려 만든 전형적인 아제쿠라 양식의 건축물이다. 고구려의 고분 벽화에 나오는 건축물 및 현재에도 중국 집안 등지의 부경이라는 건축물과 유사한 것을 볼 수 있다. 나라시 도다이지(東大寺)의 경고(経庫), 쇼소인(正倉院)도 같은 양식의 건축물이다.

조금 위로 올라가면 가이산도(開山堂)라는 조그만 건물에 감진 화상(鑑真和上)상과 같은 모습으로 정교하게 만들어 전시하고 있는 조각품이 있다. 국보인 실제 감진 화상상은 제한적으로 1년에 3일(6월 5~7일)만 공개하고 있어 매일 참배할 수 있도록 하기 위해 만들어 놓은 것이다.

조그마한 길을 따라 100여 미터 걸어가면 감진 화상 묘소로 들어가는 문이 보인다. 수령이 오래되어 보이는 많은 나무와 이끼로 덮인 차분한 분위기의 정원을 지나면 안쪽으로 묘소가 있는 것을 볼 수 있다.

그리고 이 절에서는 다른 곳에서 보기 어려운 곳이 있다. 가이단(戒

壇)이라는 곳이다. 이곳은 승려가 되기 위한 수계가 이루어지는 곳이다. 창건 시에 건축되었다고 하나 여러 차례 화재로 옛 모습은 없고 현재는 3단의 석단만이 남아 있으며 그 석단 위에 1978년 인도의 고탑을 모형으로 탑을 만들어 놓은 것을 볼 수 있다.

도쇼다이지에도 야쿠시지와 같이 현재 약 50여 종류의 수많은 연꽃이 경내 곳곳에 피고 있는 것을 볼 수 있는데 감진 화상이 당나라에서 올 때 갖고 왔다는 연꽃이 전해지고 있다고 한다. 두 사원은 가까운 지역에 남북으로 있으면서 유네스코 세계 유산 등록 문화재로 등록되어 나라를 대표하는 사원으로 일본 불교 예술 문화와 함께하면서 역사 탐사의 폭을 넓힐 수 있어 참 좋은 곳이다.

8장

나라奈良시 중심 지역 유적

1. 다이안지大安寺, 가이카開化 천황릉, 강고漢国 신사

다이안지(大安寺)는 JR 나라역이나 긴데쯔 나라역에서 다이안지 방면으로 가는 버스가 수시로 많이 다니고 있고 역에서 가까운 거리에 있어 찾아 가기는 편리하다. 다이안지 버스 정류소에서 내려 약 15분 정도 걸으면 도착한다.

사적 다이안지(大安寺) 구 경내 표지석과 안내판

다이안지로 들어가는 입구에 '사적 다이안지(大安寺) 구 경내'라는 표지석 옆에 있는 안내판에서 이 절의 유래를 살펴볼 수 있다.

> 다이안지는 나라의 수도 헤이죠교(平城京)에 관에서 건립한 큰 절이다. 도다이지(東大寺), 사이다이지(西大寺)와 함께 난다이지(南大寺)로도 불렸다. 후지와라교(藤原京)의 다이간다이지(大官大寺)가 헤이죠교로 천도 시에 함께 이전했던 것이 현재의 다이안지이다.
>
> 헤이죠교의 좌경 6조, 7조의 사방에 약 8만 평이나 되는 절의 규모였다. 가람 중심부에는 금당을 중심으로 강당과 승방이 나란히 건립되어 있었고 탑원(塔院)에는 동서에 2기의 7중탑이 우뚝 솟아 있었다. 탑이 가람 중심부의 남쪽에 '탑원'으로서 독립되어 있었고 회랑 벽면에까지 불화가 그려져 있었던 것 등은 그때까지의 사원에는 없는 특징으로 보인다. 현재도 남아 있는 동서 양 탑의 흔적에서 당시 장대한 사원이었음을 추측하게 된다.
>
> 1954년 이후 구 경내의 각지에서 발굴 조사가 행해지면서 가람의 모습이 밝혀지게 되었다. 이곳은 절에서 중요한 경전을 보관하는 경루(經樓)가 있었던 장소로 복원·정비하고 있다.
>
> '다이안지(大安寺) 구 경내'는 그 역사적, 학술적 가치의 중요성으로 구 경내 전역이 국가의 사적으로 지정되어 있다.

다이안지는 앞에서도 설명했듯이 아스카, 후지와라교에 현재 절의 흔적을 남기고 있다. 그 근원이 구다라지(百濟寺)가 되는 것을 알고 이 절을 둘러보면 남다른 느낌을 받을 수도 있을 것 같다.

가이카(開化) 천황릉은 JR 나라역과 긴데쯔 나라역 사이의 중간쯤 되는 지역에 위치하고 있다. 나라 시내의 건물들에 둘러싸여 쉽게 찾기 어려운 곳이다. 일본의 천황릉을 도심의 건물과 건물 사이에 좁은 참배로가 있고 능묘가 건물들로 둘러싸여 있는 것은 처음 접한 것 같다.

가이카(開化) 천황릉으로 들어가는 길

가이카 천황은 일본 역사에 10대 스진(崇神) 천황의 아버지이다. 이 지역은 가이카 천황을 마지막으로 하고 이 후대로 알려진 스진 천황부터는 일본에서 가장 오래된 길인 야마노베노미치(山の辺の道) 주변으로 역사의 무대가 이동한다.

가이카 천황릉에서 긴데쯔 나라역으로 조금 가면 강고(漢国)신사가 나온다. 강고(漢国) 신사는 린(林) 신사라고도 불리고 있으며 건물 사이의 조그만 골목으로 들어가면 경내가 아주 좁은 규모의 신사이다. 이 신사에서는 소노가미(園神)인 오오모노누시노미고토(大物主命), 가라가미(韓神)인 오오나무치노미고토(大己貴命), 스구나히고나노미고토(少彦名命)를 제사 지내고 있다.

이 신사는 593년 소노가미(園神)를 제사 지내기 시작하였다고 전해진다. 그 후 717년 후지와라 후히토(藤原不比等)가 가라가미(韓神) 2좌를 합사했다고 한다. 원래는 소노가라가미노야시로(園韓神社)로 불렸으나 후에 가라가미의 가라(韓)가 한(漢)으로 소노가미의 소노(園)가 국(国)이 되면서 강고(漢国) 신사가 되었다고 전한다.

소노가미, 가라가미는 원래 교토의 북쪽을 기반으로 정착한 도래인 씨족 하타(秦) 씨가 제사 지냈다는 설도 있다고 한다.

오오모노누시노미고토는 나라 미와산의 오오미와(大神) 신사의 제신이고 오오나무치노미고토는 이즈모(出雲)의 이즈모다이샤(出雲大社), 오오미와 신사의 제신으로 모두 스사노오노미고토(素戔嗚尊)의 자손이라는 것을 알 수 있고 이 신사와도 관계가 있는 것을 알 수 있다.

현재 린(林) 신사라고 부르는 것은 일본 유일의 만두의 신사로서 1349년 중국으로부터 와서 이 근처에서 살면서 일본 최초로 만두를 만들었다고 하는 만두의 조상 린조인(林浄因)을 제사 지내고 있는 데서 연유한다.

강고(漢国) 신사

저자의 『규슈 역사를 따라서 한국을 찾아 걷다』에서 설명하였듯이 스사노오노미고토는 일본의 최고신인 아마테라스 오오가미(天照大神)와 갈등을 빚어 다카아마노하라(高天原: 하늘 나라)에서 땅으로 쫓겨난다. 『일본서기』에는 하늘 나라에서 쫓겨난 스나노오가 맨 처음 다다른 곳에 대하여 또 다른 책(一書)에는 다음과 같이 기록되어 있다고 살펴보았다.

> 신라국(新羅國)에 내려와 소시모리(曾尸茂梨)라는 곳에 도착하여 있었다. 그리고 "이 땅은 내가 있고 싶지 않다."라고 하며 배를 만들어 타고 동쪽으로 가 이즈모(出雲)의 도리죠미네(鳥上峯)로 갔다.

한반도에서 이즈모(出雲)로 넘어온 스사노오노미고토와 관련된 유적과 이야기는 주로 이즈모 주변에 이런 기록으로 많이 남아 있고 나라 지역에는 일부 신사 등에서 볼 수 있다. 그런데 나라 지역에 남아 있는 신사의 내용을 구체적으로 살펴보면 고대 한반도와 깊이 관련된 것을 알게 된다.

앞에서 설명했듯이 한반도와의 관계를 여러 곳에서 느낄 수 있는 곳으로 나라 시내를 방문하는 경우에 이 신사도 잠시 방문하여 분위기를 느껴 보고 역사를 생각해 보는 것도 좋을 듯하다.

2. 도다이지東大寺, 가라쿠니辛国 신사, 고후쿠지興福寺, 가스카春日 대사

많은 사람들이 나라 여행의 시작을 JR 나라(奈良)역이나 긴데쯔(近鉄) 나라역에서 한다. 방문 기간이 길고 짧음에 관계없이 대부분 사슴들이 여유롭게 노닐고 있는 나라 공원과 도다이지(東大寺)는 방문하는 것 같다.

긴데쯔 나라역 광장에는 나라의 도다이지의 건립에 깊은 관여도 했고 나라와 인연이 많은 도래계 후손인 교기(行基) 보살의 동상이 있다. 이 주변에서 많은 사람들이 여유롭게 시간을 보내고 있는 것을 볼 수 있다. 교기 보살에 대해 대략적인 삶을 살펴본다.

교기 보살은 덴지(天智) 천황 7년 668년에 오사카부 사카이(堺)시에서 태어나 15세에 나라 다이간다이지(大官大寺)에 들어가 불도 수행을 하다가 24세에 수계를 받는다. 헤이죠교(平城京)로 천도할 때 조영에 관여하고 야쿠시지(薬師寺), 다이안지(大安寺) 사원 이축과 고후쿠지(興福寺), 간고지(元興寺) 및 총 고쿠부지 도다이지(国分寺東大寺)의 건립 등 18개의 대사원 건립에 관여했다. 전국에 교기 보살이 열었다는 사원

도다이지(東大寺) 대불전

이 약 700여 개에 이른다.

그리고 민생 사회 사업도 실천하여 서민을 교화하고 사람들을 위해 다리를 놓고 제방을 쌓고 호수를 파고 일본 최초의 고아원과 일본 지도를 만들고 기아와 병에 시달리던 서민을 구제하는 숙박소, 시약원 등 사회를 위한 사업을 끊임없이 행하여 서민들의 신앙의 대상이 되는 삶을 살았다. 쇼무(聖武) 천황 21년 749년 82세로 사망하여 나라 서쪽 외곽의 도래인들의 씨사인 스가와라데라(菅原寺)에서 장례를 지낸다.

도다이지의 정식 명칭은 긴고묘시텐노우고코구노데라(金光明四天王護國之寺)이며 료벤(良弁) 승정이 문을 열었고 화엄종의 대본사이다. 도다이지의 본존인 대불의 정식명은 노사나불(盧舍那佛)이다. 이 불상은 『화엄경(華嚴經)』에 나오는데 광대한 우주를 골고루 비추는 빛의 불상이라고 한다.

쇼무 천황 때 요절한 황태자를 위하여 건립한 긴쇼산지(金鐘山寺)가 기원이다. 741년에 고쿠부지(国分寺), 고쿠부니지(国分尼寺) 건립의 조(詔: 임금의 명령)에 의해 긴쇼산지가 야마토긴고묘시지(大和金光明寺)가 되면서 후에 도다이지가 된다.

나라 시대는 문화의 화려한 번성과 반대로 정변, 천지 재난, 기근, 천연두의 유행 등이 있어 불안했다. 쇼무 천황은 국민들의 마음을 안정시킬 필요를 느껴 노사나불상의 조립을 발원했고 당시 국민의 반수가 협력하여 대불을 완성했다. 1180년에 다이라 기요모리(平清盛)가 나라의 도다이지와 고후쿠지(興福寺)에 모여 있던 반대 세력을 공격하여 가람의 대부분이 소실되었고 그후 재건과 소실을 반복해 지금에 이르게 된다.

도다이지와 본존 대불 제작에는 도래계 사람들이 많이 참여했던 것으로 알려지고 있다. 그중에 백제 의자왕의 후손인 구다라노고니키시 게이후쿠(百濟王敬福)가 무쓰[陸奧: 지금의 도후쿠(東北) 지역]의 수령으로 있을 때 금을 발견하여 대불 도금에 쓰도록 헌상한 것도 유명한 일화이다.

도다이지의 본존 대불인 노사나불상를 관람하고 순로를 따라 건물 옆으로 나와 삼월당으로 오르는 중간에 조그마한 규모의 신사 하나가 있는 것을 볼 수 있다.

가라쿠니샤(辛国社)라고 표시되어 있으나 덴구샤(天狗社) 또는 가라쿠니(辛国) 신사로 불리는 곳이다. 일본어로 '한국(韓國)'도 같은 '가라쿠니'로 읽기에 관심이 갈 수밖에 없는 곳이기도 하다.

이 신사의 창립에 대하여는 명확하지 않으나 메이지 유신 전후에 덴구샤(天狗社)에서 가라쿠니샤(辛国社)라는 이름으로 변경되었다고 한다. 에도 시대의 『도다이지 제가람 약록』에 의하면 나라 시대에 료벤(良弁) 승정이 이 절에 여러 가지 방해를 해 온 덴구(天狗: 불교에서 불법을 방해하는 괴물)를 개심시켜 불법 수호를 맹약하고 이 신사를 만들었다고 한다.

그러나 이곳은 도다이지가 들어오기 전에 도래인들의 정착지로 그들의 씨족을 모시는 신사였으나 도다이지가 들어서면서 이곳의 주민들이 다른 곳으로 이주하게 되고 이 신사는 쇠락했다는 연구도 있는 것을 본 적이 있다.

도다이지는 대불로도 유명하지만 그 규모의 거대함에 또한 놀라지 않을 수 없는 곳이다. 관광객들이 많이 방문하는 코스 이외의 넓은 경내를 둘러보는 여유 있는 산책이 되면 좋겠다는 생각이 든다. 덴가이몬(轉害門), 쇼소인(正倉院), 도다이지 뒤쪽의 이끼 낀 강당(講堂) 유적지, 니가츠도(二月堂)로 오르는 뒤쪽 참배로(裏参道) 등 오래된 정원과 건축물을 한적한 분위기에서 둘러볼 수 있다.

도다이지(東大寺) 경내에 있는 가라쿠니샤(辛国社)

덴가이몬은 도다이지의 서쪽에 있는 문으로 국보로 유명하지만 보통 관광객들이 방문하는 대불전과는 경내에서 조금 떨어진 위치에 있어 찾는 사람이 많지 않은 곳이다. 그러나 이곳에도 관광 안내소가 있고 이 문도 여러 면에서 의미가 있기 때문에 시간의 여유가 있는 경우에는 찾아 보는 것도 의미가 있는 곳이다.

이곳은 도다이지 가람에 있어서 나라 시대의 전성기인 덴표(天平) 시대의 유일한 유구로 그 웅대한 모습이 창건 시의 건축을 상상하기에 충분한 곳이다. 또한 나라 시대의 도심인 헤이죠교(平城京)에서 도다이지로 들어가기에 가장 가까운 곳이기도 하여 이 문이 조정과 사찰과의 주요한 통로 역할을 한 곳으로 보인다.

이곳으로 들어가면 이 책의 앞에서 설명한 나라 시대의 보물 창고인 쇼소인을 만나게 되고 도다이지의 뒤쪽 경내로 들어간다. 뒤에서 보는 도다이지의 다른 모습을 느낄 수 있는 곳이다. 바로 옆으로 이어진 계단을 따라 오르면 니가츠도(二月堂), 산가츠도(三月堂) 등의 건물들을 만날 수 있다.

니가츠도는 도다이지 경내의 가장 높은 곳에 2층 누각으로 건립되어 있는 건축물이다. 니가츠도 난간에 서서 밑을 내려다보면 도다이지 경내가 넓게 펼쳐져 있는 것을 볼 수 있고 나라 시내 그리고 멀리로는 헤이죠교까지도 넓은 평지에 펼쳐진 모습을 조망할 수 있어 나라 시내와 주변의 고즈넉한 모습을 볼 수 있는 곳이다.

산가츠도는 도다이지에서 가장 오래된 건물로 733년에 건축된 것으로 알려진 곳이다. 노사나불상 조립 이전부터 『화엄경(華嚴經)』이 보관되어 있었다고 한다. 화엄의 근본 도장으로서 귀중하게 여겨지던 곳으로 3월에 홋게가이(法華會)가 개최되어 홋게도(法華堂) 또는 산가츠도라고 불렸다.

본존 불공견색관음보살(不空羂索観音菩薩)상과 범천(梵天), 제석천(帝釋天), 금강역사(金剛力士), 사천왕의 지국천(持國天), 증장천(增長天), 광목천(廣目天), 다문천(多聞天), 집금강신(執金剛神)이 안치되어 있고 일광(日光), 월광(月光) 양 보살, 변재천(辯才天), 길상천(吉祥天)과 목조 2구[지장보살(地藏菩薩), 부동명왕(不動明王)]은 도다이지 뮤지엄에 안치되어 있다.

그 옆에 있는 게이고(経庫)는 쇼소인 보물 창고의 서북방 150m에 있었던 것을 1698년 이곳으로 옮긴 것으로 건축 양식상 나라 시대의 것으로 알려지고 있다.

바로 옆의 다무게야마하치만구(手向山八幡宮)는 나라 시대 쇼무 천황이 대불을 조영할 때 이곳의 협력을 위해 749년 우사(宇佐)로부터 하치만구(八幡宮)를 받아들여 대불전 가까운 가가미이케(鏡池) 근처에 위치하면서 도다이지를 보호하고 있다고 한다.

제신은 오진(應神) 천황, 히메오오가미(姬大神), 쥬아이(仲哀) 천황, 진구(神功) 황후, 닌도쿠(仁德) 천황을 모시고 있다.

가가미이케는 도다이지 남대문에서 대불전으로 들어가는 길에 오른쪽으로 있는 연못으로 연못의 수면에 대불전과 중문이 투영된 모습을 볼 수 있는 것으로도 유명한 곳이다.

도다이지의 건너편에 있으면서 도다이지 이상으로 많은 유물과 역사를 갖고 있는 고후쿠지(興福寺)로 간다. 고후쿠지는 나라 시대에 건립되어 후지와라(藤原) 씨와 관련된 사원이다. 가스카(春日) 대사 방향에서 절로 들어오면 제일 먼저 보이는 곳이 국보인 오중탑이다. 그 옆에 국보인 도콘도(東金堂)가 보인다. 최근에 재건한 쥬콘도(中金堂)는 헤이조쿄(平城京)가 만들어질 때 후지와라 후히토(藤原不比等)가 조영한 것으로 알려지고 있다.

오중탑은 730년 고묘(光明) 황후가 창건했고 현재의 탑은 높이가 약 50m로 1426년에 재건된 것이다. 맨 아래층의 수미단(須彌檀)에 약사삼존상(藥師三尊像), 석가삼존상(釋迦三尊像), 아미타삼존상(阿彌陀三尊像), 미륵삼존상(彌勒三尊像)이 안치되어 있다.

탑 주변을 목책으로 쳐서 사람이 들어가는 것을 막고 있으나 오중탑이 있는 그 목책 안에는 사슴들이 여유로운 분위기로 졸고 있거나 쉬고 있는 모습을 볼 수 있는 것이 참 특이한 경험이었다.

도콘도(東金堂)는 쇼무 천황 때 숙모인 겐쇼(元正) 천황의 병 회복을 위해 건립된 곳으로 고후쿠지의 3금당 중의 하나이다. 현재의 도콘도에는 하쿠호(白鳳) 시대부터 무로마치(室町) 시대에 걸쳐서 조각되어진 불상인 본존 약사여래좌상(藥師如來坐像), 문수보살좌상(文殊菩薩坐像), 유마거사좌상(維摩居士坐像), 사천왕입상(四天王立像), 십이신장입상(十二神將立像) 등이 있다. 그리고 도콘도 본존 뒤쪽에는 3년에 한 번 볼 수 있는 고도(後堂)의 정료지대장입상(正了知大将立像)이 있다.

사원 내에는 긴데쯔 나라역 방향으로 국보인 삼중탑, 호쿠엔도(北円堂), 중요 문화재인 난엔도(南円堂) 등의 건축물들이 있다.

고후쿠지 남쪽에는 아주 조용하고 한적한 '사루자와이케(猿沢池)'라는 조그마한 호수가 있다. 이쪽에서 계단을 올라 고후쿠지로 들어가면 국보인 삼중탑과 난엔도(南円堂)를 볼 수 있다.

고후쿠지(興福寺) 경내의 도콘도(東金堂)와 오중탑

난엔도에 특이한 불상 하나가 있어 소개한다. '빈두로(賓頭盧) 존자'라고 하는 16나한(羅漢)의 제일 존자(불제자)이다. 그런데 이 불상이 붉은색으로 되어 있다. 속설에 의하면 술을 너무 많이 마신 모습이라고 하고 그런 이유로 일시적으로 석가모니로부터 파문되었으나 후에 수행을 열심히 하여 첫 번째 제자가 된다. 붉은색의 원래의 의미는 생명이 충만해서 생기 있는 피가 넘치는 모습이라는 것이다. 그것은 수행의 최고 높은 상태를 말한다고 한다. 이때의 강한 힘을 받아 병에 걸리지 않게 한다는 것이다.

국보인 삼중탑과 난엔도 뒤쪽 사이의 잔디 정원에도 많은 사슴들이 여유로운 시간을 보내고 있는 것을 볼 수 있었다.

호쿠엔도에는 국보인 미륵여래상(彌勒如來像), 법원임보살상(法怨林菩薩像), 대묘상보살상(大妙相菩薩像), 무저보살상(無著菩薩像), 세친보살상(世親菩薩像), 사천왕상(四天王像) 등이 안치되어 있다.

고후쿠지(興福寺)의 오중탑이 있는 곳에서 동쪽으로 나가면 가스카(春日) 대사로 들어가는 산도(參道)가 나온다. 양쪽에 고색 창연한 수목으로 둘러싸인 수백 미터 이상 되는 오래된 길을 걸어가면 신사가 나온다.

지금으로부터 1,200여 년 전 나라 시대에 각 지방에서 씨족들이 믿는 신들을 폐하지 않고 천황이 궁중에서 함께 제사를 지낸다는 방법으로 전국을 통일한다. 상대를 멸하지 않고 신들을 함께 제사 지냄으로써 공생이라고 하는 자세로 전국에 공통으로 하는 신도라는 전통을 확대하게 된다. 나라 땅에 도읍을 정하고 일본 전국을 지휘하도록 최초로 창건된 곳이 가스카 대사이다.

나라에서 먼 곳에 있는 시바라기(茨城)현 가시마(鹿島)로부터 다케미가지치노미고토(武甕槌命)를 제신으로 맞아들여 768년에 이곳에 신전을 조영하고 지바(千葉)현 가토리(香取)로부터 후쯔누시노미고토(経津主命), 또 오사카부 히라오카(枚岡)로부터 아메노고야네노미고토(天児屋根命), 히메가미(比売神)를 제신으로 하여 이 신사가 시작된다.

다케미가지치노미고토, 후쯔누시노미고토는 일본을 질서 있는 국가로 만들기 위해 신들과 교섭을 해 평화를 만든 공적이 있는 신들이고 아메노고야네노미고토는 신의 일들과 정치를 잘 인도하는 신이고 히메가미는 아메노고야네노미고토의 부인 신으로 알려지고 있다. 이들 4신을 가스카(春日) 황대신이라 부른다. 그리고 이 신사는 1,000년이 넘는 울창한 숲속에 붉은 기둥과 하얀 벽 등의 건물들이 자연과 잘 어우러지는 분위기를 느낄 수 있는 곳이었다.

가스카(春日) 대사 입구의 유네스코 세계 유산 등록 문화재 표시석

가스카 대사는 전국에 3,000여 개의 분사가 있고 경내에는 다양한 덕을 기리는 61개의 섭사와 말사가 있다. 그리고 3,000기 정도의 도우로우(燈籠)가 있다. 헤이안 시대인 옛날부터 현재까지 계속 기증되고 있는 것이다. 가스카 대사 들어가는 산도(参道) 양쪽 수백 미터가 도우로우(燈籠)로 가득 차 있는 것을 볼 수 있다.

이 신사의 보물전에는 국보와 중요 문화재까지 총 5백여 점의 보물이 보관되어 있고 이것들은 과거부터 전부 가스카 대사의 신에게 봉헌된 것들로서 현재까지 전해지고 있다. 이곳은 연 4회 '명보물전'으로 보물을 공개하고 있다.

1998년 12월에는 가스카 대사와 가스카산 원시림을 포함하여 '고도 나라의 문화재'가 유네스코 세계유산에 등록되어 있다.

이 지역의 도다이지, 고후쿠지, 가스카 대사 등은 나라시를 방문하는 관광객이 가장 기본적으로 찾는 곳이고 수많은 유물, 유적이 남겨져 있는 곳이나 그 유래와 관련된 이야기 등은 너무나 알 것이 많은 곳이다. 오랜 기간 동안 한반도와 깊은 관계를 갖고 있으면서 수많은 이야기를 남기고 있는 이 지역에 대하여는 지속적으로 세부적인 사항들에 관심을 갖다 보면 많은 것들이 꼬리에 꼬리를 물면서 궁금증들이 하나씩 해소될 것이라 생각이 든다.

3.
신야쿠시지新藥師寺,
이리에타이키치入江泰吉 기념 나라시 사진 미술관,
간고지元興寺

신야쿠시지(新藥師寺)는 가스카 대사에서 조금 남쪽으로 걸어 주택가의 좁은 골목길을 몇 번 지나가면 나타난다. 신야쿠시지는 747년에 쇼무(聖武) 천황의 병 쾌유를 기원하기 위해 고묘(光明) 황후가 창건한 곳이다.

신야쿠시지(新藥師寺) 본당

쇼무 천황은 모든 국민이 힘을 모아 노사나대불 조립을 발원하여 교토 북쪽의 오오미(近江)국에서 행기 보살과 함께 대불 조립을 착수했으나 화재, 지진 등으로 중단되어 헤이죠(平城)궁으로 돌아와 현재의 도다이지(東大寺)에서 대불 조립을 재개하였다. 이때 천황은 병으로 쓰러졌고 병을 치료하기 위해 도시나 근교의 명산 등에서 약사여래 7구의 조립과 약사경 7권의 필사가 행해진다. 그리고 고묘 황후에 의해서 신야쿠시지가 조영된다. 751년에 신야쿠시지에서 쇼무 천황을 위한 큰 법회가 열리고 752년에는 도다이지에서 대불 개안 공양이 이루어진다.

신야쿠시지의 금당에는 7불약사(七佛藥師)를 모시고 있었는데 금당이 소실되어 지금은 볼 수 없다. 현재는 오래된 멋이 남아 있는 본당을 중심으로 절이 정비되어 있다.

본당은 나라 시대의 건물로서 국보로 보존하고 있다. 본당 내에는 원형의 흙으로 만든 단이 있다. 그 위에 약사여래좌상과 이를 원으로 둘러서 호위하는 12신장(神將) 입상이 안치되어 있고 어둠 속에서 불빛으로 이들을 비추고 있어 신비로운 분위기가 있는 곳이다.

약사여래좌상(藥師如來坐像)은 나라 시대에서 헤이안 시대 초기에 제작된 것으로 국보로 보존되고 있다. 이 불상은 머리와 몸체 등 중심 부분이 하나의 가야 나무(カヤの木: 비자나무, 제주도, 일본 남부에 서식하는 나무로 관음상과 불상에 많이 사용되고 있다. 어원이 한반도에서 왔다는 해석도 있음)로 조각되어 있고 손과 다리가 또 하나의 가야 나무로 조각되어 있는 것을 모아서 하나의 불상이 된 구조이다. 광배(光背)에는 6개의 작은 불상이 조각되어 있어 본존과 함께 7불약사(七佛藥師)를 보여 주고 있다. 약사여래는 동방 정유리정토 세계의 부처이다. 보

살로서 수련을 하고 있을 때 몸에서 빛이 나와 세상을 비췄다는 것이다. 사람들의 부족한 것을 채워 주고, 병을 치유하고, 올바른 길로 인도하고, 재난을 없애 주는 것 등을 한다고 믿고 있다. 오른손은 시무외인(施無畏印: 팔을 들고 다섯 손가락을 편 모습)으로 자신을 가지고 설법하는 자세이고 왼손은 약병을 갖고 있는 모습이며 눈은 크게 뜨고 있는 내면의 강한 모습으로 상의를 걸친 자세이다.

12신장(神將) 입상은 약사여래를 신앙으로 하는 사람들을 보호하는 일을 하며 야샤(夜叉: 인도 신화에서 숲속에 살고 있는 정령)의 대장이다. 입상은 나무의 골조에 노끈을 감아 짚을 넣은 점토를 붙여 큰 형태를 만들고 종이의 섬유와 운모를 섞은 흙으로 덧칠을 한 것에다 안구는 감색, 녹색, 갈색의 옥으로 표현되어 있고 표면은 청색, 빨간색, 녹색, 자색 등의 색에 입체감이 나게 혼합하여 사용하였다. 현재에도 부분적으로 색이 남아 있다. 그중에 11개가 국보로 지정되어 있을 정도로 그 가치가 높은 유물이다. 그중에 분노의 표정을 짓고 있는 바자라(伐折羅)대장이 특히 유명하다.

신야쿠시지 옆에 있는 가가미(鏡) 신사는 806년부터 신야쿠시지를 수호하는 신사로 전해지고 있고 이 신사의 제신은 쇼무 천황 전기에 세력가인 후지와라노히로쯔구(藤原広嗣)이다. 후지와라노히로쯔구는 740년 반란을 일으켜 처형된 인물로 그의 영혼을 달래기 위해 이 신사에서 제신으로 하고 있다.

후지와라노히로쯔구를 소재로 한 소설이 있어 소개한다. 일본의 유명한 작가인 시바 료타로(司馬遼太郎)가 1960년 발표한 『붉은 도둑(朱盜)』이라는 소설에 반란을 생각하고 있던 후지와라노히로쯔구가 우연히 '부여(扶余)의 아나가와즈(穴蛙)'라는 특이한 이름의 백제 남자와 만나 전개되는 이야기에 후지와라노히로쯔구를 소재로 한 소설이 있다. 660년 백제는 망해서 나라 이름은 사라졌어도 그 이후에도 끊임없이 다양한 형태로 일본 속에 남아 있는 것을 알 수 있다.

신야쿠시지로 들어가는 입구에 가가미 신사의 섭사인 조그마한 히메가미샤(比賣神社)에는 도우치히메미코(十市皇女)를 제신으로 모시고 있다.

도우치히메미코는 진신(壬申)의 난으로 덴무(天武) 천황이 된 오오아마(大海人) 황자와 누가타노오오기미(額田王)의 사이에서 낳은 자식이다. 덴지(天智) 천황의 아들 오오도모(大友) 황자와 결혼하였으나 그 후 남편을 잃은 도우치히메미코는 궁중에서 갑자기 죽는다. 덴지, 덴무 천황 전환기에 두 세력의 싸움에서 일어난 비극의 주인공으로 알려진 인물이다.

이리에타이기치(入江泰吉) 기념 나라시 사진 미술관

이곳은 나라에서 덴리(天理)로 이어지는 '도카이(東海) 자연보도'로

가는 길에 있다. 이 길을 따라 걷다 보면 덴리에서 사쿠라이(桜井)로 이어지는 야마노베노미치(山の辺の道)를 걷게 된다.

신야쿠시지와 벽을 맞대고 있는 건물이 이리에타이기치(入江泰吉) 기념 나라시 사진 미술관이다. 이곳은 나라에서 태어난 이리에타이기치가 전 생애인 50여 년에 걸쳐서 나라의 풍경과 불상 등을 찍은 사진을 모아 전시하는 사진 전문 미술관이다.

이리에타이기치가 남긴 8만여 점의 작품을 보존하고 테마를 바꿔 전시 공개하고 있고 다양한 사진 작품과 작가를 소개하는 기획전도 개최하고 있었다. 그리고 이리에타이기치가 소장했던 서적 등을 볼 수 있게 서가에 꽂아 놓아 많은 자료를 살펴볼 수 있는 곳이기도 하고 동영상이나 사진을 단체로 또는 개인적으로 열람할 수 있는 자료 열람실이 만들어져 있어 시간이 있다면 많은 것을 감상할 수 있는 곳이다. 우리가 방문하는 나라 지역의 수많은 곳들을 이리에타이기치가 사시사철 다양한 자연 환경에서 찍은 사진으로 확인할 수 있는데, 유의해서 살펴보면 이 사진들이 여러 가지 인쇄물에서 나오는 것을 알 수 있다.

이리에타이기치(入江泰吉) 기념 나라시 사진 미술관에서 나와 좁은 골목길을 따라 큰길까지 나와서 반대편으로 조금 걸어가면 간고지(元興寺)가 나온다. 간고지는 나라 시대의 호고지(法興寺)[아스카데라(飛鳥寺)]가 전신인데 헤이죠쿄(平城京) 천도 시에 함께 이전한 곳이다. 남도 7대사로서 번성했으며 지금의 나라마치(ならまち) 일대가 이 절의 영역이었던 것으로 알려지고 있다. 지금은 주변의 다른 큰 절에 비해서는 아주 작은 규모이나 국보인 극락당, 선실 등이 있고, 유네스코 세계 유산에 등록된 곳이다.

간고지(元興寺)

아스카 시대의 아스카데라에서 이곳으로 이축할 때 가져와 극락당, 선실의 지붕에 사용한 하니와(埴輪) 색깔의 기와가 지금도 남아 있다. 그런데 이 기와는 한반도의 백제 지역에서 출토되는 기와와 문양이 아주 비슷한 모습이어서 이곳이 그 당시 백제 공인들의 영향을 많이 받은 역사적 현장이라는 것을 알 수 있다. 고대 시대의 유물이 남아 있고 한반도와 관련 있는 곳이니 이곳도 방문하면 좋은 여행이 될 것이다.

참고 자료

- 전용신, 『일본서기(완역)』 일지사, 1997
- 모리 히로미치 저, 심경호 역, 『일본서기의 비밀』, 황소자리, 2006
- 오야마 세이이치 저, 연민수·서각수 역, 『일본서기와 '천황제'의 창출』, 동북아역사재단, 2012
- 오오노야스마로 저, 권오엽·권정 역, 『고사기』, 고즈윈, 2007
- 최재석, 『고대한국과 일본열도』, 일지사, 2000
- 홍성화, 『한일고대사유적답사기』, 삼인, 2008
- 최인호, 『잃어버린 왕국』, 열림원, 2005
- 최인호, 『제4의 제국』, 여백, 2006
- 송종성, 『가야 백제 그리고 일본』, 서림재, 2017
- 윤영식, 『백제에 의한 왜국통치 삼백년사』, 청암, 2011
- 소진철, 『백제 무령왕의 세계』, 주류성, 2008
- 임동권, 『일본에 살아 있는 백제 문화』, 주류성, 2004
- 정재윤, 『사료를 보니 백제가 보인다(국외편)』, 주류성, 2007
- 이경재, 『일본 속의 한국 문화재』, 미래M&B, 2000

- 김달수 저, 배석주 역, 『일본 속의 한국문화 유적을 찾아서』, 대원사, 1997
- 홍윤기, 『일본 속의 한국 문화유적을 찾아서』, 서문당, 2002
- 홍윤기, 『일본 속의 백제 구다라』, 한누리미디어, 2008
- 홍윤기, 『일본 속의 백제 나라』, 한누리미디어, 2009
- 송형섭, 『일본 속의 백제문화』, 한겨레, 1997
- 전국역사교사모임·역사교육자협의회(일본), 『마주 보는 한일사 I』, 사계절, 2006
- 한국역사교과서연구회·일본역사교육연구회, 『한일 교류의 역사』, 혜안, 2007
- 김성호, 『단군과 고구려가 죽어야 민족사가 산다』, 월간조선사, 2002
- 김향수, 『일본은 한국이더라』, 문학수첩, 1995
- 부지영, 『일본, 또 하나의 한국』, 한송, 2009
- 김용운, 『한일 민족의 원형』, 평민사, 1989
- 유홍준, 『나의 문화유산답사기 일본편 2: 아스카·나라』, 창비, 2013
- 양지승, 『역사를 버린 나라 일본』, 혜안, 1996
- 한일관계사학회, 『한국과 일본 왜곡과 콤플렉스의 역사』, 자작나무, 1998
- 김운회, 『새로 쓰는 한일 고대사』, 동아일보사, 2010
- 전상기, 『일본 고대 천황은 백제왕의 후손이다』, 지문사, 2000

- 多田 元, 『古事記と日本書紀』, 西東社, 2009年
- 內池久貴, 『古事記神話を旅する』, 洋泉社, 2016年
- 高橋繁行, 『日本書紀古代ヤマトを旅する』, 洋泉社, 2016年
- 高橋繁行, 『万葉集いにしえの歌を旅する』, 洋泉社, 2017年

- 直木孝次郎,『日本の歴史』, 中公文庫, 2010年
- 井沢元彦,『逆説の日本史』, 小学館文庫, 2012年
- 松本清張,『〈倭と古代アジア〉史考』, やまかわうみ, 2017年
- 武光 誠,『渡來人とは何者だったか』, 河出書房新社, 2016年
- 加藤謙吉,『渡來氏族の謎』, 祥伝社, 2017年
- 武光 誠,『騎馬民族と日本人』, PHP, 1994年
- 渡辺光敏,『古代天皇渡來史』, 三一書房, 1993年
- 吉村武彦,『古代天皇の誕生』, 角川選書, 2005年
- 関裕二,『百濟觀音の正體』, 角川ソフィア文庫, 2016年
- 関裕二,『古代 日本人と朝鮮半島』, PHP文庫, 2018年
- 澤田洋太郎,『伽倻は日本のルーツ』, 新泉社, 2010年
- 倉本一宏,『戰爭日本古代史』, 講談社現代新書, 2017年
- 天野祐里,『藝術新潮 2016. 8』, 新潮社, 2016年
- 清野奈穗子,『月刊 大和路 ならら 2018. 10』, 地域情報ネットワ-ク株式會社, 2018年
- 井上順孝,『日本の神社』, 東京美術, 2008年
- 野村敏晴,『歴史讀本 臨時增刊號 84-6』, 新人物往來社, 1984年
- 鈴木 亨,『歴史と旅 平成5年 5月號』, 秋田書店, 1989年
- 司馬遼太郎,『街道をゆく2 韓のくに紀行』, 朝日文庫, 2016年
- 島崎 晋,『古事記で読みとく地名の謎』, 廣濟堂新書, 2014年
- 八幡和郎,『地名の秘密』, 洋泉社, 2014年
- 速水 侑,『日本の仏』, 青春出版社, 2009年
- 武光 誠,『謎の伽倻諸國と聖德太子』, ネスコ, 1995年
- 李進熙,『日朝交流史』, 有斐閣選書, 1995年

- 関裕二,『古代史50の秘密』, 新潮文庫, 2016年
- 守屋美佐雄,『地圖で訪ねる歷史舞臺』, 帝國書院, 2010年
- 前家修二,『奈良 大和路』, 昭文社, 2006年
- 歷史探訪研究會,『歷史地図本 奈良 飛鳥』, 大和書房, 2009年
- 藤原清貴,『飛鳥の謎』, 洋泉社 MOOK, 2016年
- 平林章仁,『蘇我氏の全貌』, 青春出版社, 2009年
- 靍井忠義,『日本書紀の山辺道』, 青垣出版, 2009年
- 直木孝次郎,『直木孝次郎と奈良·万葉を歩く』, 吉川弘文館, 2008年
- 井上育美,『法隆寺』, 法隆寺, 2015年
- 「各 寺, 神社 略記」
- 「各 博物館 說明書 等」